하나님의 경영

하나님의 경영

한홍

GOD'S
MANAGEMENT

규장

하나님의 관점으로 인생을 바라보라

영화를 볼 때면 우리가 영화 주인공들과 함께 영화 속에 들어가 있는 것 같습니다. 그만큼 몰입해서 봅니다. 하지만 영화를 보는 우리는 주인공 들과는 전혀 다른 관점, 즉 주인공들이 보지 못하는 관점에서 상황을 볼 수 있습니다.

예를 들어 악인들이 주인공 몰래 밀실에서 주인공을 해하려는 음모를 꾸민다고 합시다. 그런데 그 악인을 친구로 믿고 있는 영화 속의 주인 공은 그가 꾀는 대로 위험한 곳으로 향합니다. 그러면 우리는 안타까운 마음으로 "따라가면 안 돼! 왜 그 배신자를 따라가? 그렇게 사람 볼 줄 몰라? 그 사람은 네 친구가 아니라구"라며 발을 동동 구릅니다. 우리는 이미 그 친구가 악인이라는 것을 알기 때문입니다. 물론 영화 속 주인공 은 모릅니다.

이처럼 영화 작가와 감독은 관객으로 하여금 주인공의 과거와 현재, 미래를 전체적으로 보게 해주고, 주변 인물들의 다양한 입장과 역사적 상황도 전부 아울러 보게 해줍니다. 즉, 전능자의 관점에서 보게 해주는 것입니다.

하나님의 관점으로 우리 인생을 본다는 것은 관객의 입장에서 영화의 주인공을 보는 관점과 비슷합니다. 하나님은 우리에게 자유의지를 주셨습니다. 그러나 전지전능하신 하나님은 각 사람의 마음속에 있는 생각을 아시며, 전체 역사의 그림이 어떻게 흘러갈 것인지를 다 보고 계십니다. 역사를 경영하시는 하나님은 그분의 자녀들이 어떻게 살아갈지에 대해 지대한 관심을 갖고 계십니다.

우리가 좋다고 믿는 사람들이 하나님 보시기에는 결코 믿어선 안 될 악한 사람일 수도 있고, 우리가 별 볼 일 없다고 무시했던 사람들이 하나님 보시기에는 우리가 소중히 여기며 곁에 두어야 하는 사람일 수도 있습니다. 유한한 인간인 우리는 자신에 대해서도 잘 모르지만, 남의 속도 잘 모르고 살아갑니다. 그래서 끊임없이 실패하며 실망하고 상처를 주고받으며 사는 것입니다.

하나님께서는 우리가 하나님의 뜻을 분별하는 좋은 결정들을 함으로써 승리하는 삶을 살기 원하십니다. 그러기 위해서는 하나님의 관점에서 역사를 경영하는 것이 어떤 것인지 이해할 수 있어야 합니다.

새로운 시각이 필요하다

지금 그 사람의 현재 위치나 하고 있는 일이 무엇인가보다 더 중요한 것은 '그가 무슨 생각을 하고 있느냐' 하는 것입니다. 조금 더 자세히 말하면 어떤 관점으로 상황을 보는가, 어떤 질문을 던지면서 자신의 일에 임하느냐가 중요합니다.

전쟁터에서 병사가 하는 생각과 장교가 하는 생각은 다릅니다. 또 장교가 하는 생각과 장군이 하는 생각이 다릅니다. 병사는 당장 눈앞에서 자신에게 달려드는 적과 싸워 이기는 데 집중합니다. 총기와 주어진 장비를 잘 관리해서 당장이라도 전투가 시작되면 자신이 맡은 위치에서 최선을 다하면 됩니다. 하지만 장교는 그보다 한 단계 높은 그림, 즉 자신이 임하는 전투 현장의 전체 그림을 봅니다. 앞에서 달려드는 적과 싸우기 전에 뒤편으로 매복을 보내 적의 허를 찌를 수 있는 기습작전을 생각합니다. 어디까지 전진할 것인지, 언제쯤 멈추고 철수할 것인지도 생각합니다. 포병 지원이나 항공기 지원은 언제, 어떻게 받을지도 생각합니다. 후퇴하면서도 다시 반격할 때를 생각하고, 싸우면서도 철수할 때의 퇴로를 염두에 둡니다.

장교가 승진해서 장군이 되면, 이제는 하나의 전투를 넘어 전쟁 전체의 큰 그림을 봐야 합니다. 전쟁은 수많은 전투들의 합(合)입니다. 보병부대와 공병, 해병대와 육해공군이 합동작전을 펼쳐야 할 때도 있습니다. 그럴때 장군은 각 부대들이 어떻게 조화를 이루며 전투에 임해 승리하게 할지를 고민하며 지략을 모아야 합니다. 한정된 물자와 인적 자원을 언제 어디에 집중해야 할지를 고민하며, 버릴 것과 취할 것을 선택해야 합니다. 어느때 공격하고 어느 때 수비하고 기다려야 할지를 결정해야 합니다.

그런데 가만 보면 병사이면서도 장교의 생각을 하는 사람이 있고, 장교이면서도 병사의 생각밖에 못 하는 사람이 있습니다. 장군들은 이런 사람들을 잘 분별해서 승진시키거나 교체해야 합니다. 또 장군이면서도 장교의 생각밖에 못 한다면 다시 장교로 강등해야 합니다.

중국의 춘추전국시대 때는 일개 졸병 출신으로 장교가 되거나 장군이 되는 인물들이 있었습니다. 단순히 싸움만 잘해서가 아니라, 그가 장교의 생각, 장군의 생각을 하며 움직였기 때문입니다. 교회에서도 목사와 장로는 장군의 생각, 아니 적어도 장교의 생각을 가지고 움직여야 합니다.

그런가 하면 왕(王)은 장군보다 한 단계 높은 시각에서 봅니다. 장군은 전쟁만 생각하지만, 왕은 국가 경영 전체를 생각하기 때문입니다. 전쟁도 '국가 경영'이라는 큰 틀의 한 조각입니다. 싸움을 잘한다고 전쟁만 계속 하는 국가는 빠른 국력의 소모와 너무 많아진 적들로 인해 금방 쇠락하게 됩니다. 성경에 나오는 앗수르 제국이 그랬고, 중국의 연나라, 진나라처럼 무력을 앞세운 나라들이 그랬습니다. 오랫동안 번성하는 강한 나라를 만드는 왕은 총칼의 힘만 아니라 경제, 교육, 문화의 모든 면에서 나라를 발전시키는 큰 시야를 가져야 합니다.

신분이 바뀌면 인생을 보는 시각도 커지고 높아져야 하는데, 그렇지 못하면 낭패를 보게 됩니다. 참모였을 때는 뛰어났지만 정작 자기가 책임자가 되었을 때는 실력 발휘를 못 하는 사람들이 있습니다. 위치가 바뀌었음에도 계속 참모 시절의 관점으로 모든 것을 판단하기 때문입니다.

제34대 미국 대통령이었던 드와이트 아이젠하워는 장군으로서는 뛰어났지만 대통령으로서는 성적이 신통치 않았습니다. 대통령으로 신분이 바뀌었음에도 장군의 시각에서 벗어나지 못했기 때문입니다. 그러나 다윗은 목동에서 장군으로, 장군에서 왕으로 신분이 바뀔 때마다 그에

걸맞게 관점도 업그레이드되었습니다. 그는 항상 하나님과 동행함으로 하나님의 관점에서 모든 상황을 새롭게 바라보았기 때문입니다.

하나님의 경영을 이해하라

큰 궁전 뜰을 관리하던 두 명의 정원사 이야기가 있습니다. 한 명은 늘 "에휴, 내 신세야. 목구멍이 포도청이라고, 먹고 살려니까 이 나이에도 이런 힘든 일을 해야 하는구나" 하면서 일했습니다. 그러나 또 다른 한 명은 "나는 하나님의 우주의 한 부분을 책임진 사람이야. 내가 이걸 잘해낼 수 있다고 하나님이 믿고 맡기신 거야" 하면서 밝은 얼굴로 일했습니다. 이런 마음으로 매사에 최선을 다했던 그는 아주 창의적으로 일함으로 결국 궁전의 전체 살림을 총괄하는 위치에 올랐다고 합니다. 그는 병사이면서도 장군의 관점에서 상황을 보았던 것입니다.

하나님의 사람은 어떤 상황에 있든지 하나님의 높은 관점에서 인생을 보는 사람일 것입니다. 성경에는 수많은 사건들과 인물들이 등장합니다. 그 모든 사건과 사람이 각각 우리에게 주는 교훈이 있습니다. 하지만 "구슬이 서 말이라도 꿰어야 보배"라는 말이 있듯이, 우리가 성경의 그 많은 사건과 사람을 전체적으로 살펴보게 될 때 하나님이 역사를 경영하시는 어떤 패턴이 있음을 가늠하게 됩니다.

믿음의 영웅으로 불리는 아브라함, 욥, 모세, 여호수아, 다윗, 다니엘과 같은 사람들에게도 인간적인 실수와 약점이 많았습니다. 그럼에도 그들은 하나님의 특별한 인도하심과 보호하심, 능력과 축복과 승리를 경험하며 살았습니다. 모두 차원이 다른 영적 관점에서 하나님의 경영을 이해했기 때문입니다.

나이가 들어갈수록 인생이 만만치 않은 것임을 실감하게 됩니다. 기쁨과 슬픔, 승리와 패배, 고난과 은혜가 전혀 예측할 수 없는 때, 예측할 수 없는 방법으로 우리를 휘감아옵니다. 그래서 우리는 더욱 겸손히 하나님과 동행하며, 하나님의 경영의 결을 이해하려고 해야 합니다. 그래야 이 불확실성의 시대 속에서 빛나는 영적 승리자의 삶을 살 수 있습니다. 보잘것없지만, 이 책이 하나님의 경영의 비밀을 발견해가는 여정에 조금이나마 도움이 되었으면 합니다.

이 책이 나오기까지 기도와 정성으로 수고해준 규장 출판사와 늘 저를 위해 기도해주는 가족과 새로운교회 교우 분들에게 감사를 전하고 싶습니다.

부끄럽지만 올해가 저의 성역 30주년, 그리고 새로운교회 창립 10주년 되는 해입니다. 흠이 많은 죄인이요, 인격의 깊이도 모자라고, 마음도 약하며, 지혜도 부족한 저와 같은 사람을 오늘까지 목회자로, 또 기독교 작가로 사용해주신 하나님께 모든 영광을 돌립니다.

Soli Deo Gloria! 오직 하나님께 영광!

2019년 5월
한 홍

프롤로그 하나님의 관점으로 인생을 바라보라

PART 하나님의 가감승제

하나님의 문장부호

하나님의 가감승제

GOD'S
MANAGEMENT

1

PART

CHAPTER 01

하나님의 덧셈

구하라, 그리하면 더하시리라

그러므로 염려하여 이르기를 무엇을 먹을까 무엇을 마실까
무엇을 입을까 하지 말라 이는 다 이방인들이 구하는 것이
라 너희 하늘 아버지께서 이 모든 것이 너희에게 있어야 할
줄을 아시느니라 그런즉 너희는 먼저 그의 나라와 그의 의를
구하라 그리하면 이 모든 것을 너희에게 더하시리라 그러므
로 내일 일을 위하여 염려하지 말라 내일 일은 내일이 염려
할 것이요 한 날의 괴로움은 그날로 족하니라   마 6:31-34

당신은 하나님을 기대하는가?

우리가 하나님을 기대한다는 것은 '하나님이 위대하신 일을 행하실 것을 기대한다'(Expect God's Greatness)라는 뜻이기도 하다. 보다 정확히 말하자면 하나님께서 우리 인생에 행하실 위대한 일, 우리의 막힌 인생에 뚫어주실 하늘의 돌파구를 기대한다는 말이다. 그런데 우리가 정말 온전한 믿음으로 하나님의 역사를 기대하기 위해서는 하나님이 어떻게 역사를 경영하시는지 이해할 필요가 있다.

신구약성경을 자세히 들여다보면 하나님께서 인생과 역사를 경영하시는 어떤 원칙과 패턴이 있음이 어렴풋이 보인다. 나는 그것을 수학에서 사용하는 가감승제의 패러다임으로 살펴보고자 한다. '하나님의 덧셈, 뺄셈, 곱셈, 나눗셈'이라는 시각에서 위대하신 하나님이 역사하시는 패턴을 공부해보자.

우리의 아버지 하나님

가장 먼저, '하나님의 덧셈'에 대해 생각해보려 한다. 마태복음 6장 33절은 아주 유명한 성경 말씀이다.

먼저 그의 나라와 그의 의를 구하라 그리하면 이 모든 것을 너희에게 더하시리라 마 6:33

많은 크리스천들이 이 말씀을 해석할 때 "예수 잘 믿으면 세상적 성공도 하나님이 주실 것이다"라고 간단하게 생각한다. 그런데 이 말씀의 의미는 그렇게 간단하지 않다. '하나님의 덧셈'이라는 개념을 이 말씀에서 끌어낸 것은 맞지만, 이 말씀이 담고 있는 의미를 제대로 이해하려면 앞뒤 문맥을 살펴보는 일이 필요하다. 먼저 31절을 보자.

그러므로 염려하여 이르기를 무엇을 먹을까 무엇을 마실까 무엇을 입을까 하지 말라
마 6:31

한마디로 먹고사는 문제로 염려하지 말라는 말씀이다. 예수님은 먹고사는 문제로 염려하는 일이 참된 신앙을 가로막는 중요한 방해 요소임을 지적하셨다. 신앙의 가장 큰 장애물은 물질적 이기심이다. 잘못된 신앙은 언제나 물질만능주의와 연결되어 있다. 사람들은 자기 안에 참 하나님이 없으면 하나님 대신 세상에서 능력 있는 것을 그 자리에 세우려 하는데, 그게 바로 돈이다.

"뭐니 뭐니 해도 머니(money)가 최고다"란 농담이 있을 정도로 요즘 세상에서 돈의 힘은 절대적이다. 수년 전에 나는 한 젊은이가 "악마의 힘을 빌려서라도 돈을 벌고 싶다"라는 충격적인 말을 한 것을 들은 적이 있다. 우리가 얼마나 철저한 황금만능주의 시대에 살고 있는가를 보여

주는 단적인 예다.

돈은 먹고사는 문제를 해결해주는 수단이기 때문에 그 힘이 아주 세다. 먹는 것, 입는 것, 타고 다니는 차, 사는 집, 다니는 학교 등 모든 면에서 가진 자와 가지지 못한 자의 차이를 피부로 느끼면서 살아야만 하는 세상에서 먹고사는 문제는 결코 하찮은 문제가 아니다.

그런데 예수님은 왜 이 문제로 염려하지 말라고 하시는가? 그것은 우리가 고아가 아니라 하늘 아버지의 자녀이기 때문이다. 예수님은 먹고사는 문제는 '이방인들(즉 예수 안 믿는 사람들)이 구하는 것'이라고 말씀하신다(32절). 하나님을 믿지 않는 사람들은 먹고사는 문제로 끊임없이 염려하는 게 당연하다. 아무도 자기를 돌봐주지 않는다고 믿기 때문이다. 자기 인생은 자기가 책임져야 하기 때문에 끊임없이 염려하고 혼자 발버둥 친다. 그런 염려로 가득한 사람들이 바벨탑을 쌓은 것이다.

그러나 우리는 천지를 만드시고 경영하시는 하나님, 세상 모든 것을 소유한 부유하신 하나님, 그러면서 우리를 세상 그 무엇보다 사랑하시는 하나님을 아버지로 두었다. 예수님은 하늘 아버지께서 공중의 새도 기르시고 들의 백합화도 입히신다고 말씀하셨다. 아무도 거들떠보지 않는 야생 동식물까지도 하나님께서 다 먹이고 입히신다. 우리는 그 하늘 아버지를 믿음으로 평안하고 담대하게 살아가야 한다. 육신의 부모들도 자기 자식을 먹이고 입히는 데는 최선을 다하는데, 하물며 선하시고 능력이 무한하신 하늘 아버지야 두말해 무엇하겠는가.

하나님을 신뢰하지 못할 때 우리는 많은 염려와 궁리를 하게 되고, 내

일을 위해 나름대로 많은 것을 준비해놓으려고 한다. 그러면 삶은 더 복잡해지고 염려와 근심 가운데서 헤어 나오지 못하게 된다.

염려할 시간에 기도를 해보자

염려는 믿음의 반대되는 것으로, 마귀가 우리의 믿음을 좀먹게 하는 방편으로 사용하는 무기다. 성경에서 "염려하지 말라, 근심하지 말라"라는 말은 대부분 먹고사는 문제로 염려하지 말라는 뜻이다. 돈이 인생의 전부인 사람은 항상 염려와 근심으로 가득하다. 돈이 없을 때는 어떻게 하면 돈을 더 벌 수 있을지 염려하고, 돈을 벌게 된 후에는 그 돈을 지키는 문제로 근심한다.

성경은 먹고사는 문제로 염려하지 말라고 했지만, 사실 인간은 먹고사는 문제가 해결된 다음에도 욕심과 집착 때문에 끝없이 불행하다. "돈, 돈" 하는 사람 치고 "이만하면 됐다"라며 만족하는 사람을 보지 못했다. 먹고사는 문제가 해결된 다음에도 욕심부리며 더 가지려 하는 까닭은 돈이 자기를 지켜줄 힘이라고 믿기 때문이다. 그러나 그렇게 욕심부리며 더 가지려고 하면 할수록 불행해질 뿐이다.

> 부하려 하는 자들은 시험과 올무와 여러 가지 어리석고 해로운 욕심에 떨어지나니
> 곧 사람으로 파멸과 멸망에 빠지게 하는 것이라 딤전 6:9

여기서 말하는 '부'는 단순히 돈이 아니라 권력이나 명예, 사람도 포

함할 수 있다. 이런 것들은 하나님이 선물로 주셔야지, 우리가 무리수를 두면서 조급하게 가지려 하면 항상 탈이 난다.

돈이나 명예, 권력만을 추구하며 사는 사람은 항상 염려와 근심이 많다. 그러나 주님은 염려 대신 기도하라고 하신다. "먼저 그의 나라와 그의 의를 구하라"(33절)라는 말씀은 기도하라는 말이다. 염려 대신에 우리가 해야 할 일은 기도다.

> 구하라 그리하면 너희에게 주실 것이요 찾으라 그리하면 찾아낼 것이요 문을 두드리
> 라 그리하면 너희에게 열릴 것이니 마 7:7

크리스천은 염려할 시간에 기도하는 사람들이다. '구하는 것'이란 지금은 없지만 기도하면 주시겠다는 뜻이다. '찾는 것'은 잃어버린 것을 다시 회복시켜주시겠다는 뜻이다. '문을 두드리라'라는 것은 지금 우리 앞을 막고 있는 장애물을 뚫어주시겠다는 뜻이다. 즉, 크리스천은 미래를 향해 뛰어가며 문을 두드리는 사람들이다. 염려하지 말고 기도하면 하나님께서 우리의 모든 필요를 채워주겠다고 하신다.

그런데 여기서 무엇을 어떻게 기도하느냐가 중요하다. 인간적인 욕심으로 '이 모든 것'을 더해달라고 기도할 때 그것이 꼭 좋은 결과로 이어지지는 않는다. 건강과 장수의 복도 여기 포함되는데, 이것을 무리하게 구한 유대 왕 히스기야의 이야기는 우리에게 참 많은 것을 생각하게 한다.

히스기야가 병들어 죽게 되었을 때, 하나님은 히스기야에게 이사야를 보내 "네 집을 정리하라"라고 말씀하셨다. 그러자 히스기야는 슬피 울면서 하나님께 좀 더 살게 해달라고 간구했다. 이에 하나님께서는 15년의 세월을 더해주셨다.

그러나 이 수명 연장은 그에게 축복이자 위기였다. 히스기야는 하나님께서 뜻깊게 쓰라고 더해주신 15년의 수명을 하나님의 영광을 위해 제대로 쓰지 못했다. 일단 훌륭한 경제 정책을 펼쳐서 국가의 재정을 부유하게 하긴 했다. 그러나 바벨론 사신들이 왔을 때, 그는 자신의 부유한 곳간과 무기고를 활짝 열어 과시했다(이것은 훗날 바벨론의 유다 침략 욕구를 자극시켰다). 성경은 히스기야가 교만함으로 "그 받은 은혜를 보답하지 않아서 하나님의 진노가 나라에 임하게 되었다"라고 말한다. 하나님의 은혜로 중병에서 살아났으면서도 그 은혜에 합당하게 살지 않았다는 말이다.

무엇보다도 연장된 15년의 기간 동안 히스기야에게서 아들이 태어났는데, 그가 바로 유다 역사에서 악한 왕들 중 하나로 꼽히는 므낫세였다. 그는 반세기 넘게 나라를 다스리며 나라를 온통 우상숭배의 땅으로 만들어 유대 나라 멸망의 단초를 제공했다. 하나님이 더해주신 15년간 아들을 낳고 제대로 양육하지 못하여 국가의 운명을 나락에 떨어뜨린 히스기야. 천국 가서 하나님 앞에 얼마나 죄송했을까.

주님은 "먼저 그의 나라와 그의 의를 구해야 한다"라고 말씀하신다. 하나님의 나라, 하나님의 통치가 이 땅에 임하기를 기도하라는 것이다. 자신의 욕심이 아닌 하나님의 뜻이 이뤄지게 해달라는 기도, 그 일에 자신을 써달라고 기도하는 것이다. 그렇다면 구체적으로 "먼저 그의 나라와 그의 의를 구하라"라는 말씀에 담긴 하나님의 뜻은 무엇일까?

첫째, 하나님의 지혜를 구하라는 것이다. 완벽한 예가 구약성경에 나오는 솔로몬 왕이다. 젊은 나이에 다윗의 뒤를 이어 왕위에 올라 두렵고 떨리는 마음이 가득했던 그는 하나님 앞에 일천제를 드리며 열심히 기도했다. 하나님께서는 그에게 무엇이든지 원하는 것을 구하라고 하셨고, 그는 지혜를 구했다. 여기서 '지혜'로 번역된 히브리어는 '하나님의 말씀을 듣고 순종하는 마음'이라는 뜻이다. 즉, 하나님의 뜻을 듣고 그대로 현실화하는 능력이 '지혜'이다.

나는 이것을 다른 말로 '성령충만'이라고 표현하고 싶다. 성령충만이란 성령님의 지배를 받는 상태, 성령님이 우리를 온전히 다스리시고 인도하시는 상태를 말한다. 즉, 성령님은 우리에게 끊임없이 말씀하시고 우리 삶의 모든 영역에 간섭하시며 인도하시는데, 성령님이 내 삶을 그렇게 이끄실 때마다 "네!" 하고 순종하는 것이다. 솔로몬은 자신의 뜻을 하나님의 힘을 빌려 이루겠다고 한 것이 아니라, 하나님의 뜻이 무엇인지 알려주시면 그대로 순종할 수 있는 능력을 달라고 기도한 것이다. 즉, 그는 성령충만을 구했다.

하나님은 솔로몬의 기도에 너무 흡족하셔서 그가 구하지 않은 부와 영광까지도 다 주겠다고 하셨다. 하나님의 뜻대로 살겠다고 결심하니, 내 욕심을 따라 챙기던 때보다 훨씬 더한 축복을 덤으로 더해주신 것이다.

둘째, 하늘 아버지의 비전을 추구하는 것이다. 하늘 아버지의 비전은 열방의 잃어버린 자녀들이 하나님께로 돌아오는 것이다. 부활하신 주께서 우리에게 남기신 지상명령은 '모든 민족을 제자로 삼아 아버지와 아들과 성령의 이름으로 세례를 베푸는 것'이었다. 또한 이를 위해서 성령이 성도들에게 부어질 것이고, 성령이 임할 때 성도들은 예루살렘과 유대와 사마리아와 땅 끝까지 이르러 주님의 증인이 될 것이었다.

크리스천들은 어떤 직업을 가지고 어디에서 살든 전도하고 선교하는 일을 삶의 최우선순위에 두어야 한다. 우리의 시간과 돈과 재능도 그 일을 위해 헌신해야 한다. 주께서 언제든 쓰실 수 있도록 말이다. 교회도 전도하고 선교하는 데 총력을 기울여야 한다. 그러면 하나님께서 모든 능력과 복을 더해주실 것이다.

19세기 영국이 부흥을 체험한 후 세계 선교에 헌신했을 때, 영국은 역사상 그 어느 때보다 정치, 경제적으로 큰 성장을 경험했다. 19세기 말부터는 미국의 젊은이들과 교회들이 세계 선교에 헌신했는데, 이때 미국은 엄청난 경제 발전을 이루며 큰 영향력을 갖게 되었다. 한국 교회도 1970년대부터 '빌리 그레이엄 전도집회', '엑스플로 74' 같은 대형 집회를 통해 큰 부흥을 체험하면서 수많은 선교사를 세계 각지로 보내기 시작했는데, 하나님께서는 그때부터 지금까지 한국에 엄청난 복을 부어주셨다. 한강의 기적은 우연의 일치가 아니고, 단순히 우리의 노력으로 인한 것만도 아니다. 먼저 그의 나라와 그의 의를 구한 한국 교회의 뜨거운 기도와 헌신이 축복의 불쏘시개가 된 것이다.

셋째, 예수님의 용서하는 중보의 마음을 품으라는 것이다. 하늘 아버지의 마음은 사랑이요 용서다. 동방의 의인 욥이 가진 것을 다 잃고 병들어 누웠을 때, 위문한답시고 찾아온 친구들은 오히려 온갖 매몰찬 말로 욥을 훈계하고 꾸짖었다. 하지만 욥은 하나님 앞에서 회개하고 예배한 후에 친구들을 용서하고 축복했다. 그러자 놀라운 일이 일어났다.

> 욥이 그의 친구들을 위하여 기도할 때 여호와께서 욥의 곤경을 돌이키시고 여호와께서 욥에게 이전 모든 소유보다 갑절이나 주신지라 욥 42:10

하나님께서는 친구들을 용서하고 중보하는 욥에게 모든 것을 회복시켜주셨다. 그것이 모든 일의 원인은 아니었지만, 그래도 하나님이 모든 것을 회복시켜주시는 결정타가 된 것이다.

우리가 인생에서 잃어버린 것들을 하나님께서 다시 회복시켜주시기를 원하는가? 또 갑절로 더해주시는 축복을 받고 싶은가? 그렇다면 가슴에 막힌 증오의 사슬을 풀어라. 섭섭한 마음, 응어리진 마음, 원망하는 마음도 풀어라. 그리고 용서와 사랑이 강같이 흐르게 하라. 그때부터 하나님의 덧셈의 복을 체험할 수 있을 것이다.

넷째, 하늘 아버지의 베푸시는 사랑의 마음을 품으라는 것이다. 하늘 아버지의 마음은 항상 연약하고 부족한 자녀들에게 가 있다. 그래서 우리가 아버지의 마음을 알아 힘이 닿는 대로 연약한 자들을 도우면 하나님께서 우리의 창고를 채우실 것이다.

너희 중에 분깃이나 기업이 없는 레위인과 네 성중에 거류하는 객과 및 고아와 과부들이 와서 먹고 배부르게 하라 그리하면 네 하나님 여호와께서 네 손으로 하는 범사에 네게 복을 주시리라 신 14:29

이 말씀은 새로운교회에서 이루어지는 긍휼사역인 '러브 미니스트리'의 주제 구절이기도 하다. 새로운교회는 창립 초기부터 추수감사절 헌금 전액을 매해 종잣돈으로 하여 미자립교회와 선교 단체, 선교사님들, 교회 안팎의 병들고 가난하고 연약한 이웃들을 돕는 러브 미니스트리 사역을 발전시켜 왔다. 하나님께서 이로 인해 우리 교회가 단 한 번도 재정적으로 어려움이 없이 풍성하게 부흥할 수 있도록 도와주셨다.

주사기에 물이 들어가면 그 안의 공기가 밀려나듯이, 먼저 그의 나라와 그의 의를 구하게 되면 우리 안에서 세상 나라를 구하는 마음이 밀려난다. 하나님의 비전으로 가득 차게 되면 세상 욕심이 밀려나게 되고, 용서하는 마음으로 가득 차게 되면 미움이 밀려나게 되며, 베푸는 마음으로 가득 차게 되면 인색의 마음이 밀려나게 된다. 거룩을 더하면 죄가 빠지고, 성령으로 충만해지면 불순종의 영이 빠지게 된다. 그것이 하나님의 덧셈이 주는 부수적인 축복이다.

먼저 그릇을 준비하라

하늘 아버지께서는 이렇게 먼저 그의 나라와 그의 의를 구하는 자에게 "이 모든 것을 너희에게 더하시리라"라고 약속하셨다. 여기서 말하는 '모든 것'은 본문에서 먹고사는 문제를 해결해주는 돈을 의미한다고 볼 수 있지만, 그보다 더 포괄적인 의미에서 권력이나 명예, 혹은 사람의 축복도 다 여기에 해당된다.

사람이 단순히 돈에만 집착하는 것은 아니다. 어떤 사람은 권력을 손에 쥐려고 하고, 어떤 사람은 명예를 모으려 하고, 어떤 사람은 사람을 모으려고 한다. 그게 다 힘이기 때문이다. 그러나 앞서 언급했듯 돈이든 권력이든 명예든 사람이든 하나님께서 자연스럽게 주셔야지, 억지로 욕심 부려서 모으려 하면 염려하는 삶, 불안하고 피곤한 삶을 살 수밖에 없다.

중요한 사실은, 하늘 아버지께서 이 모든 것을 우리에게 더해주시기 전에 먼저 영적인 준비를 시키신다는 것이다. 하나님께서는 솔로몬 왕에게 엄청난 부와 명예를 부어주셨는데, 그전에 하나님 앞에 일천제를 드린 솔로몬의 겸손한 예배가 있었다. 자신의 연약함을 인정하고 하나님의 도우심을 구한 절박한 기도가 있었다. 그것이 하늘 아버지의 마음을 터치한 것이다.

사도행전에 나오는 예루살렘 초대교회도 그랬다. 하나님께서는 예루살렘 초대교회에 짧은 시간 내에 폭발적인 양적 성장을 주셨다.

하나님을 찬미하며 또 온 백성에게 칭송을 받으니 주께서 구원받는 사람을 날마다 더하게 하시니라 행 2:47

이런 양적 성장이 있기 전에는 언제나 먼저 질적인 성장이 있었다. 마가의 다락방에서 성도들이 간절히 기도할 때 오순절 성령의 불같은 임재가 있었다. 성령충만한 사도들의 능력 있는 말씀 전파로 많은 기사와 표적이 나타났다. 모든 물건을 서로 나눠 쓸 정도로 서로 사랑했고, 성도들 사이에 활발한 교제가 있었으며, 가난하고 병든 자들을 기쁨으로 도왔다. 하나님은 이런 영적인 준비가 다 된 후에야 그들에게 많은 성도를 더해주셨다. 하나님이 재물을 더해주시는 것 이상의 복이 사람을 더해주시는 것인데, 초대교회에 성도들을 더해주시기 전에 영적으로 성령충만한 공동체로 먼저 준비시키셨다. 이렇듯 준비된 그릇에 하나님의 복이 더해져야 그 복으로 인해 탈이 나지 않는다.

그래서 하나님이 축복을 더해주시는 데는 우리가 생각하는 것보다 훨씬 더 시간이 걸릴 수 있고, 우리가 생각하는 방법과 전혀 다를 수 있다.

풍성하고 안전한 하나님의 더하심
재물이든, 명예든, 사람이든 하나님께서 더해주시는 복은 안전하다.

여호와께서 주시는 복은 사람을 부하게 하고 근심을 겸하여 주지 아니하시느니라 잠 10:22

반면에 사람들이 자기 힘으로 무리해서 억지로 얻은 복, 다른 사람과 싸워서 얻어낸 복은 쟁취한 뒤에도 불안하고 뒤탈이 많다. 무리수를 두면서 모은 돈이나 올라간 자리는 많은 근심과 문젯거리를 만들어낸다. 자녀 교육에도 그렇게 좋지 않다.

한 예로, 미국에서 복권 당첨으로 하루아침에 벼락부자가 된 사람들의 삶이 어떤지를 추적해서 연구한 보고서가 나왔는데, 결국에는 대부분이 불행한 결말을 맞았다고 한다. 열심히 일하던 직장을 그만둔 사람, 이름과 주소를 바꾸고 다른 곳으로 이사해서 친구나 가족과 연락을 끊고 사는 사람이 대부분이었고, 재산 문제로 다투다 이혼하고 자녀들이 도망간 케이스가 많았으며, 흥청망청 돈을 쓰다가 인생이 망한 사람도 많았다. 재물이든 권력이든 그것을 감당할 영적 준비가 안 된 사람에게 주어지면 오히려 그 사람을 파멸시킬 수 있다.

사람을 모으는 것도 마찬가지다. 무슨 일을 하든지 좋은 사람들과 함께하는 것이 중요한데, 사람들은 하나님이 더해주셔야지 내가 세상적 방법으로 억지로 모으려 하면 잘 모아지지도 않고 설사 모인다 해도 내 사람이 되지 않는다. 예를 들어 사울 왕은 이방 민족들과의 전투를 위해 힘센 사람이나 용감한 사람을 보면 고액 연봉을 주면서 불러 모아 호위 병사로 삼았다. 하나님께서 함께하신다는 확신이 없으니 돈으로 사람을 사서 자기 주위에 인간 보호막을 친 것이다. 그러나 사울이 모은 사람들은 훗날 그가 위급할 때 모두 그를 버리고 도망갔다.

그러나 정치범으로 쫓기던 다윗에게는 하나님께서 보내주신 수백, 수

천 명의 사람들이 광야 아둘람 굴로 몰려들었다. 다윗이 그들을 위해 해줄 수 있는 것은 아무것도 없었지만, 하나님께서 보내주신 그 사람들은 훗날 다윗을 도와 통일전쟁을 치르는 강한 군대가 된다. 압살롬의 반란이 일어났을 때도 이들은 끝까지 다윗 왕의 곁을 지킨다.

하나님이 선물로 내게 보내주시는 사람들이 진짜 나를 도와줄 사람들이다. 사람의 복은 오직 하나님으로부터 나온다. 돈이나 정치적 술수로 내 사람을 모으지 말고 오직 하나님만 의지하라. 그러면 하나님께서 좋은 사람들을 내 옆에 더하실 것이다.

나는 참 부족한 게 많은 사람이다. 그런데 감사하게도 하나님께서 옆에 너무나 좋은 사람들을 더해주셨다. 너무나 좋은 아내를 붙여주셨고, 너무나 좋은 성도들을 붙여주셨으며, 좋은 부교역자와 장로님들을 옆에 붙여주셨다. 그래서 항상 너무 든든하고 행복하고 감사하다.

이렇듯 하나님이 더해주시는 복은 - 그것이 재물이든, 명예든, 사람이든 - 사람의 힘으로 모은 것과는 비교가 안 되게 풍성하고, 또 안전하다. 그런데 하나님께서 이렇게 복을 더해주셨다고 다 끝난 게 아니다.

더해주신 복을 하나님의 뜻대로 사용하라

하나님께서는 먼저 그의 나라와 그의 의를 구한 겸손한 예배자에게 이 모든 것을 더해주신다. 그때 그가 결코 잊어서는 안 되는 것은 처음 하나님 앞에 엎드려 기도하던 때의 초심이다. 하나님이 이런 축복들을 더해주실 때는 이를 통해 하나님께 영광을 돌리고 하나님과 동행하면서 살라고 주신 것이다. 그런데 그저 축복에 취해 즐기느라 영적으로 타락해서 하나님을 잊어버리면 하나님의 축복은 진노로 바뀔 것이다. 하나님은 먼저 그의 나라와 그의 의를 구할 때 이 모든 것을 우리에게 더하시는 분이지만, 먼저 그의 나라와 그의 의를 구하지 않고 하나님께 불순종할 때는 이 모든 것을 거두어갈 수 있는 분이시다.

앞에서 언급한 솔로몬이 그랬다. 솔로몬은 천 명에 달하는 후궁과 첩들을 두었는데, 이들은 자기 나라에서 가지고 온 우상 신들을 섬기게끔 솔로몬을 타락시켰다. 진노하신 하나님께서는 솔로몬 다음 세대에 이 제국이 두 조각 날 것이며, 사방에서 적들이 일어나고, 재산도 명예도 서서히 이방인들의 손에 넘어갈 것이라고 예언하셨다. 그리고 실제로 그렇게 되었다.

하나님께서는 더해주신 이 모든 복을 하나님의 뜻대로 잘 사용하길 기대하신다. 복은 하나의 힘이라고도 할 수 있는데, 하나님이 힘을 주실 때는 분명한 목적이 있다. 하나님의 일을 위해 복을 흘려보내라고 돈도 더해주시고, 명예도 더해주시고, 사람도 더해주시는 것이다. 그런데 복만 받아 챙기고 하나님나라를 위해 재투자하지 않는다면 하나님께서는 반드시 우리에게 압박을 가하신다.

예를 들어, 하나님께서 예루살렘 초대교회에 폭발적인 부흥과 성장을 주신 것은 그들이 그 힘으로 예루살렘과 온 유대와 사마리아와 땅 끝까지 이르러 주님의 증인이 되게 하기 위함이었다. 그러나 예루살렘교회 성도들은 자기들끼리 은혜 공동체에 있는 것이 너무 좋다며 유대와 사마리아로 가지 않았다. 그러자 하나님께서는 스데반의 순교와 그로 인한 대핍박이 일어나게 하셔서 예루살렘 성도들이 유대와 사마리아로 흩어져 전도하게 하셨다.

솔로몬도 매년 25톤의 황금을 늘려갈 정도로 엄청난 부자였다. 요즘 시세로 수천 억이 넘을 거다. 그 외에도 열방에서 올라오는 보석과 조공품들도 엄청났다. 솔로몬 궁전의 어지간한 모든 것은 금으로 만들어졌고, 은은 돌덩이처럼 흔했다고 한다. 그러나 솔로몬은 하나님께서 주신 그 많은 재물을 자신을 위해서만 쌓아두고 가난한 백성에게 베풀지 않았다. 세금도 무겁게 걷었다. 그러니 민심은 갈수록 사나워졌고 하나님은 이를 개탄하셨다.

하나님께서 솔로몬에게 이 많은 재물을 더하신 데는 거룩한 뜻이 있으셨다. 하나님께서는 솔로몬을 세계 최고의 부자로 만들어주시면서 그가 백성과 그것을 나누는 복의 통로가 되길 원하셨다. 구약성경은 고아와 과부와 이방인과 나그네와 약한 자들을 돌보라고 말한다. 그리고 "그렇게 하면 네 창고에 하나님이 복을 가득 내리시겠다. 그러나 가난한 이들을 멸시하면 하나님이 네 기도를 듣지 않으실 것"이라고 했다. 그런데 솔로몬은 재물을 쌓기만 할 뿐 나누지 않았다. 하나님이 더해주신 것에 욕심을 부리며 흘려보내지 않으니, 나중에 그 많은 재물은 다 남의 차지가 되었고 솔로몬 후손의 운명은 비참해졌다.

하나님은 하나님이 더해주신 복을 하나님의 뜻대로 사용하지 않는 것을 죄로 여기신다. 그리고 죄인의 창고에서 의인의 창고로 재물을 옮기신다.

선인은 그 산업을 자자손손에게 끼쳐도 죄인의 재물은 의인을 위하여 쌓이느니라

잠 13:22

사실 처음 이스라엘 백성이 약속의 땅에 들어갈 때만 해도 이 원칙의 수혜자였다. 가나안 사람들이 죽어라고 일해서 만들어놓은 성읍과 집, 그들이 열심히 일해서 가꾸어놓은 포도원과 농경지들을 이스라엘 사람들이 들어가서 그대로 누렸다. 그것은 가나안 백성이 악하고 우상숭배를 행함으로 하나님의 진노를 샀기 때문이었다.

그런데 문제는 이스라엘 백성도 가나안 땅을 차지한 후 점점 타락해서 하나님의 진노를 샀다는 것이다. 하나님은 그렇게 되면 그들에게 더해주셨던 모든 걸 다시 빼앗으실 것이라고 경고하셨다.

만일 너희가 여호와를 버리고 이방 신들을 섬기면 너희에게 복을 내리신 후에라도 돌이켜 너희에게 재앙을 내리시고 너희를 멸하시리라 하니 수 24:20

그리고 훗날 실제로 그렇게 되었다. 가나안 백성의 악함으로 그들의 재물을 이스라엘 백성의 창고로 옮기신 하나님께서, 훗날 이스라엘이 악해지자 그들에게 주셨던 재물을 다른 이방인들의 창고로 옮겨버리셨다. "복을 내리신 후에라도 돌이켜 너희에게 재앙을 내리시고"라는 것이 무슨 말인가? 우리가 하나님을 거역하면 하나님께서는 우리에게 더해주신 복을 다시 썰물처럼 빼버리실 것이다.

좋은 영적 습관을 만들라

20세기의 경건한 목회자였던 오스왈드 챔버스는 "하나님만이 더해주실 수 있는 것이 있고, 우리 자신이 더해야 하는 것이 있다"라고 말했다. 그리고 가장 중요한 예로 베드로후서의 말씀을 꼽았다.

그러므로 너희가 더욱 힘써 너희 믿음에 덕을, 덕에 지식을, 지식에 절제를, 절제에 인내를, 인내에 경건을, 경건에 형제 우애를, 형제 우애에 사랑을 더하라 벧후 1:5-7

여기서 '더해야 한다'라는 말은 습관이 될 때까지 노력해야 된다는 뜻이다. 가만히 앉아 있으면 더해지지 않는다. 노력하고 기도하고 훈련해야 한다. 베드로가 우리에게 더하라고 말하는 대상은 성품이다. 베드로는 우리가 하나님의 성품을 물려받았으니, 이제 마음을 모아 경건의 습관을 만들기 위해 집중적으로 노력하라고 말한다. 우리는 하나님께서 우리 안에 주신 새 생명을 근거로 '습관'을 만들어야 한다. 그러면 우리 안에 씨앗으로 주신 하나님의 성품이 자라서 잎이 무성해지고 열매를 맺게 된다.

하나님의 덧셈을 생각할 때, 우리는 하나님이 우리에게 외형적인 복을 더해주시기를 기대하지만, 하나님께서는 무엇보다 우리의 성품이 하나님을 닮은 성품으로 영글어가기를 기대하신다. 때로는 그것을 위해서 우리에게 주실 외형적 복을 뒤로 미루시는 경우도 있고, 어둡고 힘든 고난의 시즌을 지나게도 하신다. 그러나 그런 기간이 하나님께서 우리의 성품을 가장 많이 빚으시는 때이다. 이때 우리가 겸손히 하나님의 빚으시는 손에 자신을 내어 드리는 것이 필요하다.

그리스도의 성품이 우리 안에 형성되기 위해서 중요한 것은 균형이다. 앞서 살펴본 베드로후서 1장 5-7절 말씀은, 하나만 가지고는 안 되고 서로 더해져야 완전체가 된다는 의미를 담고 있다. 더하기가 안 되면 그 자체만으로는 독이 되는 것들도 있다. 그래서 서로 더해주는 것이 필요하다. 믿음이 좋다고 하면서 덕(원어로 '도덕적 깨끗함'을 뜻함)이 없는 분들은 다른 이들을 시험 들게 하기 때문에, 반드시 믿음에는 덕을 더해야 한다. 또 영적 지식이 많아도 절제하지 않으면 함부로 남을 판단하고 가르치려 들다가 교회를 어지럽힐 수 있다. 그래서 지식에는 절제를 겸하도록 해야 한다.

베드로는 우리가 이렇게 균형을 잡아 더해가는 일들을 힘써 행해야 한다고 했다. 구원은 100퍼센트 하나님의 선물이요 은혜로 받지만, 성화는 가만히 앉아 있을 때 그냥 주어지는 게 아니다. 물론 성령께서 이끌어가시지만, 그렇게 되고자 하는 갈망과 순간순간 우리의 결단이 있어야 한다.

하나님을 기대하며 기도하라

물은 100도가 되어야 끓기 시작한다. 이 온도를 임계점(critical point)이라고 하는데, 여기를 돌파해야 물이 수증기로 바뀌면서 동력을 만들어낸다. 99도도 안 되고 마지막 1도를 더 끌어올려 100도의 임계점을 돌파해야만 물이 끓는다. 우리의 믿음생활에도 임계점이 있다. 인간적으로 할 수 있는 것은 다 했기 때문에 "더 이상은 못 하겠다"라고 포기하고 싶은 한계점이 바로 거기다. 그야말로 바람만 불어도 주저앉고 싶을 정도로 지치고 힘든 시점이다.

많은 사람이 여기서 포기하고 돌아서기 때문에 승리를 체험하지 못한다. 그러나 성령의 사람은 여기서 포기하지 않고 불같이 기도한다. 목숨을 건 기도만이 우리 신앙의 임계점을 돌파할 수 있다. 기도로 영적 임계점을 돌파하는 그 순간, 하나님이 개입하시기 시작한다. 주님은 약속하셨다.

> 내가 또 너희에게 이르노니 구하라 그러면 너희에게 주실 것이요 찾으라 그러면 찾아낼 것이요 문을 두드리라 그러면 너희에게 열릴 것이니 구하는 이마다 받을 것이요 찾는 이는 찾아낼 것이요 두드리는 이에게는 열릴 것이니라 눅 11:9,10

하늘 아버지께서 주시는 것은 항상 우리가 기도했던 것보다 더 크고 놀라운 것이다. "구하라, 찾으라, 문을 두드리라"라고 하셨는데, 구할 때 주시는 것은 우리가 구한 것보다 훨씬 크고 아름다운 것이다. 찾을 때 찾게 되는 것은 우리가 잃어버린 것보다 더 큰 보물이다. 문을 두드렸을 때 열리는 세계는 우리가 상상도 하지 못했던 차원의 세계다.

자신을 정결하게 하며 간절히 기도하는 자에게는 내 생각과 능력을 초월하는 엄청난 하늘의 능력이 임한다. 그토록 오랜 세월 체증처럼 꽉 막혔던 것들이 뚫리고 길이 열린다. 내가 기도한 것보다 훨씬 엄청난 복들을 하나님께서 쏟아부어주시기 시작한다. 기도하는 사람은 하늘 아버지의 마음과 하나가 되고, 그때 그는 하나님의 놀라운 복의 덧셈을 선물 받게 될 것이다.

하나님의 덧셈 plus

청년의 때에 하나님을 기억하라

청년이여 네 어린 때를 즐거워하며 네 청년의 날들을 마음에 기
뻐하여 마음에 원하는 길들과 네 눈이 보는 대로 행하라 그러나
하나님이 이 모든 일로 말미암아 너를 심판하실 줄 알라 그런즉
근심이 네 마음에서 떠나게 하며 악이 네 몸에서 물러가게 하라
어릴 때와 검은 머리의 시절이 다 헛되니라   전 11:9,10

너는 청년의 때에 너의 창조주를 기억하라 곧 곤고한 날이
이르기 전에, 나는 아무 낙이 없다고 할 해들이 가깝기 전에
해와 빛과 달과 별들이 어둡기 전에, 비 뒤에 구름이 다시 일
어나기 전에 그리하라   전 12:1,2

'하나님의 덧셈'에 대해 설교할 때

주제 구절로 뽑았던 "먼저 그의 나라와 그의 의를 구하라"라는 마태복음 6장 33절과 연결선상에 있는 또 하나의 중요한 본문이 있다. 바로 전도서 12장 1절이다.

너는 청년의 때에 너의 창조주를 기억하라 전 12:1

여기서 '청년의 때'는 영어 성경에 'the days of your youth', 즉 '어렸을 때'라고 되어 있다. 그러니까 우리가 생각하는 20,30대 청년보다 훨씬 어린 연령을 뜻하는, 10대 청소년 시기가 아닐까 싶다.

앞 장에서 나는 "먼저 그의 나라와 그의 의를 구하라"라는 말씀이 어떤 의미인가를 살펴보았다. 그것은 하나님의 뜻에 순종하는 지혜를 구하는 성령충만을 구하는 것이며, 잃어버린 영혼에게 복음을 전하는 데 삶의 우선순위를 맞추는 것이며, 예수님의 마음으로 사람들을 용서하고 중보하는 것이며, 하나님이 베푸신 사랑을 흘려보내는 것이다. 그렇다면 이 모든 일은 언제부터 시작해야 할까?

나는 마태복음 6장의 '먼저 그의 나라와 그의 의'에서 '먼저'라는 단어가 전도서 12장의 '청년의 때', 즉 우리가 인생을 막 시작하는 청년의 때를 의미하는 것도 포함한다고 믿는다.

어린 시절에 우리가 어떤 사람을 만나고, 어떤 책을 읽고, 어떤 경험을 하는가에 따라 우리는 나머지 인생을 어떻게 살 것인지 결정하게 된다. 영국에서 떠난 배가 대서양을 건너 미국 뉴욕으로 갈 때, 조타수가 처음 방향을 설정할 때 1-3도만 잘못 조정해도 뉴욕으로 갈 배가 보스턴으로 가게 된다고 한다. 청년의 때 인생의 방향을 조금만 잘못 수정해도 나머지 인생 전체가 바뀌기 때문에 정말 잘해야 한다.

지혜자 솔로몬의 조언

어떻게 하는 것이 어린 시절에 인생의 방향을 제대로 잡는 것일까? 수많은 답이 있을 것 같지만 솔로몬은 딱 한 가지, "청년의 때에 너의 창조주를 기억하라"라는 조언만 한다.

솔로몬은 인간이 '성공한 인생'이 가질 수 있다고 생각하는 모든 것의 극치를 누려본 사람이다. 그가 가졌던 재물은 빌 게이츠가 가진 재산의 수천 배였고, 그가 누렸던 인기와 명예는 오늘날의 그 어떤 제왕이나 슈퍼스타를 넘어섰으며, 그의 지혜는 세계 굴지의 석학들을 다 합쳐놓은 것보다 뛰어났다. 그는 수많은 인생의 흥망성쇠를 모두 지켜본 사람이기도 했다. 그런 그가 이제 막 인생의 바다에 뛰어들려는 젊은이들에게 주는 충고는 "청년의 때에 너의 창조주를 기억하라"라는 것이었다.

세상에서 가장 많은 부와 권력과 명예를 누려본 사람, 동시에 하나님으로부터 놀라운 지혜를 받았던 사람 솔로몬이 쓴 전도서에는 유달리 '시간'에 대한 언급이 자주 나온다. 솔로몬은 전도서 전체에서 인생이 유한하다는 사실을 강조한다. 시간은 결코 우리를 기다려주지 않으며, 모든 것에는 때가 있다. 우리는 영원히 젊지 않고, 영원히 건강하지 않다. 나이가 들면서 우리는 점점 몸과 마음이 쇠약해져 간다. 언젠가는 늙고, 병들고, 죽게 된다. 돈도, 명예도, 친구도 다 잃고 이 땅을 떠나야 할 때가 반드시 온다.

뛰어난 영화감독들은 영화의 결론을 가장 먼저 정하고 영화를 만든다고 한다. 인생의 지혜도 인생의 마지막을 정확히 알고 오늘을 사는 데 있다. 솔로몬은 "범사에 기한이 있고 천하만사가 다 때가 있나니"(전 3:1)라고 했는데, 특히 '청년의 때'에 대해서 자주 언급한다.

젊음은 다시 돌아오지 않기 때문에 청년의 때는 참 귀한 시절이다. 열정과 사랑, 꿈과 용기를 펼치며 마음껏 도전하며 살아볼 수 있는 때다. 소중한 만큼 결코 낭비해서는 안 되는 때이기도 하다.

전도자는 먼저 청년들을 향해 이렇게 권면한다.

청년이여 네 어린 때를 즐거워하며 네 청년의 날들을 마음에 기뻐하여 마음에 원하는 길들과 네 눈이 보는 대로 행하라 전 11:9

청년의 때가 좋은 때이고, 하나님의 선물이니 마음껏 자신의 가슴에 있는 소원대로 꿈을 펼쳐보며 즐겁게 살아보라는 것이다. 그러나 한 가지 기억할 것은 인생의 마지막에는 반드시 하나님의 심판이 있다는 사실이다.

그러나 하나님이 이 모든 일로 말미암아 너를 심판하실 줄 알라 그런즉 근심이 네 마음에서 떠나게 하며 악이 네 몸에서 물러가게 하라 전 11:9,10

이는 자유롭게 마음껏 살되 그 자유를 탐욕과 죄악으로 잘못 써서는 안 된다는 경고다. 자유에는 반드시 책임이 따른다. 하나님이 주시는 자유는 내 욕심을 맘대로 이루는 인생이 아니라, 하나님이 주신 사명을 완수하는 것이다. 그것이 다시 돌아오지 않는 인생을 낭비하지 않는 길이다.

바울의 말도 들어보자. 그는 에베소서에서 이렇게 권면한다.

세월을 아끼라 때가 악하니라 그러므로 어리석은 자가 되지 말고 오직 주의 뜻이 무엇인가 이해하라 … 오직 성령으로 충만함을 받으라 엡 5:16-18

여기 보면 "세월을 아끼라 때가 악하니라"라는 말씀 옆에 "성령으로 충만함을 받으라"라는 말이 붙어 나온다. "세월을 아끼라"라는 말을 원어로 정확히 번역하면 '주어진 인생의 순간순간을 극대화하라, 낭비하지 말라'라는 뜻이다. 전도서는 어떻게 하는 것이 세월을 아끼는 것인지, 어떻게 사는 것이 하나님이 주신 인생을 낭비하지 않는 것인지에 대한 답을 제시한다.

빠를수록 좋다

이 세상에 예수님을 믿고 구원받는 것보다 더 결정적인 인생의 축복은 없다. 예수님을 믿으면 절망으로 갈 수 있었던 인생도 복된 인생으로 바뀌게 된다.

지금으로부터 약 150여 년 전, 미국 중부 마을에 두 친구가 살았다. 이들은 노상 술집과 도박장 등을 전전하며 불량하게 살던 사람들이었다. 어느 주일 저녁, 유흥업소로 가는 길에 교회 근처를 지나가게 된 이들은 아름다운 교회의 찬양 종소리를 듣고 멈춰 섰다. 교회 앞 게시판에는 "죄의 삯은 사망이라"라는 그날의 설교 제목이 적혀 있었다. 이 글을 읽고 한 친구는 콧방귀를 뀌면서 가던 길을 그대로 갔지만, 다른 한 친구는 마음에 충격을 받아 술집을 포기하고 바로 교회 안으로 들어가 예배를 드렸다.

그리고 30년이 지났다. 교도소에서 신문에 난 미국의 제22, 24대 대통령 그로버 클리브랜드의 취임 기사를 읽고 있던 한 늙은 죄수가 통곡을 하면서 몸부림쳤다. 놀란 주변 사람들이 와서 무슨 일이냐고 물었다. 그러자 늙은 죄수는 신문에 난 새 대통령 취임 기사를 가리키며 말했다.

"이 사람이 30년 전에는 내 친구였는데, 이제 그는 대통령이 되고 나는 종신형 죄수가 되었네요. … 그날 그때 교회 앞에서 그는 하나님을 믿었고 나는 그대로 유흥업소로 향했는데, 그게 우리 인생을 이렇게 바꾸어놓았어요."

그는 회한의 눈물을 흘리며 방탕하게 살아온 자신의 젊은 시절을 후회했다. 청년의 때에 창조주 하나님을 기억하는 것이 이렇게 인생을 바꾸어놓는다.

"청년의 때에 너의 창조주를 기억하라"라는 말은 어린 시절부터 날마다 말씀과 기도로 하나님과 교제하라는 뜻이다. 이런 말을 하면 어떤 부모님들은 난감한 표정을 짓는다. 아무리 크리스천이지만 아이들이 공부만 하기도 바쁜데 그럴 시간이 어디 있느냐는 것이다.

요즘 한국은 부모들의 교육열이 너무 심해서 유치원 나이의 아이들도 학원을 몇 개씩 다니게 할 정도다. 학교 공부를 마친 후에도 이 학원 저 학원 다니다 새벽 1,2시에 집에 들어가는 것이 다반사인 학생들도 많다. 크리스천 부모들도 세상의 다른 부모들이 다 그러니까 우리 아이만 뒤지게 할 수 없다며 똑같이 한다. 그러다 보니 아이들이 주일날 교회에 와서 예배드리는 시간마저 학원에 보낼 수 있는 시간과 충돌한다며 갈등하는 부모들이 많다. 그렇게 하지 않으면 우리 아이만 경쟁에서 낙오되어 루저가 될 것이라는 두려움이 있는 것 같다. 신앙생활은 일단 명문대에 들어가고 나서 해도 되지 않느냐는 것이다.

그러나 어릴 때 하나님과 교제하는 습관을 안 들인 아이가 대학에 입학한 후 갑자기 신앙생활을 뜨겁게 잘할 확률은 3퍼센트도 안 된다.

그 어떤 특급 학원도 줄 수 없는 하늘의 지혜는 하나님으로부터만 나온다. 다니엘을 생각해보라. 당시 바벨론 제국은 요즘의 미국 같은 세계 최강대국이었고, 전 세계의 특급 엘리트들과 명문 학교 출신의 귀족 가문 자제들 수십만이 경쟁하는 곳이었다. 그런 곳에 변방의 망한 나라 유다에서 끌려온 포로가 다니엘이다. 그는 다른 바벨론 인재들처럼 과외 수업 한번 제대로 받아보지 못했다.

그러나 다니엘이 바벨론 최고의 인재들과 경쟁했을 때, 그의 실력이 그들보다 열 배나 뛰어났다고 했다. 인맥이나 연줄, 로비 같은 것도 실력이 한두 배 차이 날 때 얘기지, 열 배나 뛰어나면 기가 질려서 다들 승복할 수밖에 없다.

다니엘의 그 출중한 실력이 어디서 왔을까? 다니엘은 어릴 때부터 하루에 세 번, 온몸과 마음을 다해 하나님께 기도하고 말씀을 묵상하며 하나님과 교제하는 습관을 지녔다. 그리고 팔십 노인이 될 때까지 그 습관을 지켰다. 공부하느라 얼마나 바빴을 것이며, 나중에는 총리대신을 하느라 얼마나 바빴겠는가. 하지만 그는 하나님께 기도하고 예배하는 시간을 타협하지 않았다.

다니엘의 예배 시간은 학교 공부나 직장 생활을 방해하거나 그것과 경쟁하는 시간이 아니었다. 다니엘의 예배 시간은 하나님께서 세상 그 누구도 줄 수 없는 지혜와 능력을 부어주시는 시간이었다. 최고의 과외 선생님인 하나님께서 최고의 천국 학원에서 나오는 가장 뛰어나고 따끈

따끔한 지혜를 개인 교습해주는 시간이었다. 그러니, 도대체 세상 그 누가 다니엘의 실력을 이길 수 있었겠는가?

우리 부모님들이 정말 자녀를 이 시대의 다니엘 같은 글로벌 인재로 키우기 원한다면 다니엘의 예배를 아이들에게 가르치기를 바란다. 절대 자녀들의 예배를 막아선 안 된다. 그것은 자녀들에게 흘러가는 하늘의 축복을 막는 길이다. 어쭙잖게 과외를 받거나 학원을 여러 개 다니는 것보다 하나님이 주시는 지혜가 백배 천배 낫다. 하나님을 예배하게 되면 이 아이는 단순히 학교 성적만 잘 받아서 좋은 학교에 가는 것이 아니라 인생 자체에서 성공하게 된다.

여기서 우리는 성공의 의미를 좀 더 명확히 해둘 필요가 있다. 크리스천들이 좋아하는 말씀 중에 요한삼서 1장 2절이 있다.

사랑하는 자여 네 영혼이 잘됨 같이 네가 범사에 잘되고 강건하기를 내가 간구하노라
요삼 1:2

이 말씀은 "먼저 그의 나라와 그의 의를 구하라 그리하면 이 모든 것을 너희에게 더하시리라"라는 말씀처럼 "예수님을 잘 믿으면 세상 성공도 겸해서 주신다"라고 단순하게 오해될 수 있다. "범사에 잘 된다"라는 말씀도 잘못하면 일반적인 세상 성공으로 해석될 수 있기 때문이다. 좋은 학교에 들어가고, 좋은 직장에서 돈 많이 벌고, 무병장수하는 그런 성공 말이다. 그러나 결코 그런 성공이 온전한 인생의 성공이 아님을, 나는 목회 30년 여정에서 수없이 많이 봐왔다.

공부 잘해서 좋은 학교 나와도 결혼 생활이 불행해져서 말할 수 없는 아픔 끝에 이혼하는 사람을 많이 봤고, 부모 자녀 관계에서 자기가 받았던 명문대 입학 스트레스를 그대로 자식들에게 강요하다가 큰 어려움을 겪는 가정도 많이 봤다. 미국 명문대 유학파 출신인데 직장 생활에서 대인관계에 적응을 못 해서 자리를 잡지 못하고 이 회사 저 회사 전전하다가 망가지는 사람들도 봤다. 병 고침을 받고 건강을 회복한 것은 좋은데, 건강한 몸으로 하나님의 일을 하는 게 아니라 쾌락에 빠져 인생이 망가지는 사람들도 보았다.

진정한 성공이란 종합 세트다. 하나님 잘 섬기는 건강한 가정도 이루고, 직장과 사회에서도 존경받고 사랑받으며, 건강한 몸을 하나님의 뜻을 이루기 위하여 잘 사용하는 것을 다 포함하는 것이다. 그러므로 우리는 아이가 행복한 가정을 이루고, 직장에서도 사랑과 존경을 받고, 교회에서도 축복받는 일꾼으로 세워져가는 전방위적인 성공을 위해 기도해야 한다. 그 모든 것을 가능케 하는 힘은 예배에서 나온다. 먼저 그의 나라와 그의 의를 구하는 자에게 이 모든 것을 더하실 것이다.

아이들에게 그 무엇보다 하나님을 정기적으로 뜨겁게 예배하는 삶을 가르쳐라. 그것이 청년의 때에 너의 창조주를 기억하는 일이다. 예배자로 평생을 사는 아이의 인생은 반드시 축복받는다.

"청년의 때에 너의 창조주를 기억하라"라는 말은, 또한 하나님 중심으로 인생을 살라는 것이다. 그것은 하나님의 다스림을 받는 인생이다. 내가 인생의 계획을 다 세워놓고 그것을 이루기 위해 하나님을 이용하는 것이 아니라, 하나님의 뜻이 무엇인지를 분별한 뒤 거기에 내 인생을 맞추는 것이다. 나의 욕심을 위해 하나님을 이용하는 게 아니라, 하나님께서 주시는 사명을 위해 나를 드리는 것이다.

얼핏 들으면 마치 큰 희생을 하는 듯한 느낌이 들 수도 있지만, 실은 그렇지 않다. 하나님께 내 인생을 온전히 맡기면 하나님께서 내 인생을 책임지시기 때문이다. 하나님께서 주시는 사명에 헌신하면 하나님께서 그 사명을 이룰 수 있는 모든 능력을 주신다. 그리고 하나님의 뜻대로 살게 되면 내 영혼에 하나님의 기쁨이 가득 차게 된다. 아무리 세상적으로 잘나가도 마음에 기쁨이 없는 사람들이 대부분인데, 하나님 중심의 인생을 사는 사람의 마음에는 기쁨이 가득하다. 자기뿐 아니라 주변 사람들에게도 은혜와 기쁨을 흘려보내는 복의 통로가 된다.

창조주 하나님을 기억하는 때가 그 사람에게 가장 아름답고 빛나는 때이며, 지금이 바로 그때다. 하나님을 기억하는 것이야말로 가장 행복하고 복된 인생을 사는 길이다. 꼭 청년에게만 해당되는 말이 아니다. 우리는 하나님 앞에서 모두 청년이다. 늦었다고 생각되는 때가 결코 늦지 않은 때이다.

지금 이 순간부터 100퍼센트 하나님 중심의 인생으로 우리의 인생을 재조정하자. 예배가 최우선순위로 가는 인생, 모든 것에 하나님의 다스림을 받는 인생으로 재조정하자. 그리고 하나님의 위대한 역사를 기대해 보자. 청년의 때부터 먼저 그의 나라와 그의 의를 구한다면 평생 하나님께서 이 모든 것을 더하시는 은혜를 누릴 것이다.

하나님의 뺄셈

뺄셈을 통해 더하시는 하나님

아브람이 애굽에서 그와 그의 아내와 모든 소유와 롯과 함께 네게브로 올라가니 아브람에게 가축과 은과 금이 풍부하였더라 그가 네게브에서부터 길을 떠나 벧엘에 이르며 벧엘과 아이 사이 곧 전에 장막 쳤던 곳에 이르니 그가 처음으로 제단을 쌓은 곳이라 그가 거기서 여호와의 이름을 불렀더라 아브람의 일행 롯도 양과 소와 장막이 있으므로 그 땅이 그들이 동거하기에 넉넉하지 못하였으니 이는 그들의 소유가 많아서 동거할 수 없었음이니라 그러므로 아브람의 가축의 목자와 롯의 가축의 목자가 서로 다투고 또 가나안 사람과 브리스 사람도 그 땅에 거주하였는지라 아브람이 롯에게 이르되 우리는 한 친족이라 나나 너나 내 목자나 네 목자나 서로 다투게 하지 말자 네 앞에 온 땅이 있지 아니하냐 나를 떠나가라 네가 좌하면 나는 우하고 네가 우하면 나는 좌하리라 이에 롯이 눈을 들어 요단 지역을 바라본즉 소알까지 온 땅에 물이 넉넉하니 여호와께서 소돔과 고모라를 멸하시기 전이었으므로 여호와의 동산 같고 애굽 땅과 같았더라 그러므로 롯이 요단 온 지역을 택하고 동으로 옮기니 그들이 서로 떠난지라 … 롯이 아브람을 떠난 후에 여호와께서 아브람에게 이르시되 너는 눈을 들어 너 있는 곳에서 북쪽과 남쪽 그리고 동쪽과 서쪽을 바라보라 보이는 땅을 내가 너와 네 자손에게 주리니 영원히 이르리라 내가 네 자손이 땅의 티끌 같게 하리니 사람이 땅의 티끌을 능히 셀 수 있을진대 네 자손도 세리라 너는 일어나 그 땅을 종과 횡으로 두루 다녀보라 내가 그것을 네게 주리라   창 13:1-17

보통 우리는 하나님께서 우리에게 뭔가를 더해주시는 것을 복으로 생각하지, 뭔가를 빼시는 것을 복으로 생각하지 않는다. 돈도, 명예도, 건강도, 사람도 우리에게 더해주셔야 축복이지, 우리에게서 빼가시면 무조건 징계나 심판이라고 생각하기 쉽다. 즉, 더하는 것보다 뺀다는 것은 그만큼 부정적 느낌이 강하다.

그러나 빼는 것이 무조건 나쁜 것은 아니다. 다이어트를 할 때도 '살을 뺀다'라고 말하는데, 몸에 좋지 않은 지방을 제거하고 근육을 키우면 건강해진다. 경제나 경영에서도 낭비나 과장을 없앤다고 할 때 '거품을 뺀다'라는 말을 쓴다. 그런 맥락에서 하나님의 뺄셈은 결코 재앙이 아니라 오히려 더 성숙한 차원의 축복이다. 본문은 하나님의 뺄셈이 우리에게 궁극적으로 복이요 은혜임을 알려주는 좋은 예이다.

다 이유가 있다

창세기 13장의 스토리를 요약하면 이렇다. 믿음의 조상 아브람이 고향 갈대아 우르를 떠나 하나님께서 지시하시는 땅으로 이민왔다. 죽은 누이의 아들 롯도 함께였다. 롯은 똑똑하고 성실한 젊은이로, 자식이 없는 아브람에게 큰 힘이 되었다. 롯은 아브람 캠프의 비서실장 역할을 하며 모든 실무를 도맡았을 가능성이 높다. 그런데 영리한 롯은 그 과정에서 서서히 자기 사람을 만들고 자기 재산을 늘려가기 시작했다.

문제의 발단은 아브람의 목자들과 롯의 목자들 간에 일어난 다툼이었다. 아예 한쪽 전력이 상대도 안 되면 다툼 자체가 되지 않는데, 다툼이 일어난 것으로 봐서 롯은 어느새 삼촌 아브람의 힘을 견제할 만큼 자기 세를 불린 것 같다. 다툼의 표면적 원인은 아마 좋은 목초지와 물을 서로 먼저 차지하기 위함이었을 것이다. 유목민에게 가축을 먹일 목초지와 물은 생존과 번성에 절대적 조건이므로, 이를 놓고 부족 간에 치열한 투쟁이 일어나곤 했다.

아브람은 내부 갈등을 더 이상 방치해선 안 되겠다고 생각하고 먼저 롯을 찾아가 대안을 제시한다. 본의 아니게 목자들 사이에 다툼이 일어났으니, 계속 서로 붙어서 싸우지 말고 헤어져서 잘살자고 한다. 그리고 "저기 보이는 땅들 중에서 네가 먼저 택해서 가면 나는 그 반대로 가겠다"라면서 롯에게 먼저 선택권을 준다.

롯이 그래도 좀 양심이 있는 사람이었다면 "삼촌, 그게 무슨 말씀이세요? 제가 삼촌을 떠나서 어디로 갑니까? 하나님의 기름 부으심이 삼촌과 함께 있으니 저는 죽어도 삼촌과 같이 죽고 살아도 삼촌과 같이 살겠습니다"라고 나왔어야 했다. 그랬다면 롯의 이름은 아마도 믿음의 가문 명예의 전당에 빛나는 자리를 차지했을 것이다. 그러나 영악한 롯은 눈에 보이는 이득만 보고 움직였다. 그는 눈에 보기에 물이 넉넉하고 여호와의 동산 같은 기름진 땅을 고르더니, 자기 식구들과 부하들을 데리고 뒤도 안 돌아보고 삼촌 아브람을 떠났다.

롯이 떠난 뒤, 홀로 남은 아브람은 얼마나 허전하고 쓸쓸했을까? 그에게 롯은 적이나 경쟁자가 아니라, 오랜 세월 자신을 보좌했던 최측근이었다. 하나님의 부르심을 받고 고향을 떠나 약속의 땅으로 가는 여정을 함께했던 동지요, 전우였다. 낯설고 물선 이역만리 타국에 와서, 어릴 적부터 자식처럼 여기고 의지해왔던 젊은 조카 롯이 아니던가? 그런데 그 롯이 "떠나겠느냐?"라고 물었더니 진짜 떠나버렸다. 아브람은 너무나 힘이 빠졌을 것이다. 얼마나 외롭고 슬펐을까?

'롯'은 어쩌면 우리가 하나님만큼 사랑하고 의지했던 어떤 사람, 어떤 것을 의미한다. 친한 인맥일 수도 있고, 돈일 수도 있고, 건강일 수도 있고, 재주일 수도 있다. 우리 생각엔 롯 없이는 못 살 것 같다. 그러나 오히려 롯 때문에 우리가 하나님을 100퍼센트 의지하지 못하며, 롯 때문에 하나님께서 우리 삶에 초자연적인 복을 풀어놓지 못하실 수도 있다. 그래서 하나님이 롯을 빼신 것이다.

> 보라 주 만군의 여호와께서 예루살렘과 유다가 의뢰하며 의지하는 것을 제하여 버리시되 곧 그가 의지하는 모든 양식과 그가 의지하는 모든 물과 … 사 3:1

하나님은 우리가 하나님보다 더 의지하는 것들을 빼심으로써 하나님만 의지하게 하신다. 그때 우리는 섭섭해도 롯을 떠나보내야 한다. 하나님께서 보시기에 롯이 우리가 하나님처럼 의지하는 우상이 되었다면 특히 그래야 한다. 당시에는 인간적으로 좀 섭섭하고 힘들어도 그렇게 롯을 떠나보내고 나면 하나님이 더 좋은 새로운 축복을 주신다.

믿음의 여정 초창기에는 롯이 아브람에게 꼭 필요한 동반자였지만, 어느 시점을 지나며 롯에게 너무 정이 들어버린 아브람은 매사에 지나치게 그를 의지하게 되었을 것이고, 그러다 보니 롯 안에 있는 세상적 독소들을 간과했을 것이다. 그래서 하나님이 개입하셨다. 겉으로 보기엔 롯의 목자들과 아브람의 목자들의 갈등 상황이었지만, 이것은 아브람에게서 롯을 빼시기 위해 하나님께서 허락하신 갈등이었다.

하나님이 제하시는 것들

하나님은 롯을 빼시면서 아브람에게서 롯의 황금만능주의를 빼셨다. 믿음으로 사는 아브람과 달리 롯은 물질적인 가치관을 가진 사람이었다. 문제의 본질은 두 사람의 가치관이 달랐다는 데 있다. 아브람은 그래도 하나님의 말씀대로 순종하며 살고자 했지만, 롯은 빨리 돈을 벌어 성공해보려는 생각으로 꽉 차 있었다. 그는 어릴 적부터 키워준 삼촌 아브람의 하나님을 본 것이 아니라, 하나님이 주신 복인 돈만 보았다. 그래서 어떻게든 삼촌 밑에서 자기 세력을 키워 독립하고자 하는 생각으로 가득했다. 롯이 그런 생각을 하면서 돈과 자기 사람을 키워가니까, 롯의 목자들도 거기에 전염되어 아브람의 목자들과 다투게 된 것이다.

성경 말씀에 보면 롯에게는 아브람이 가졌던 '양과 소와 장막'은 있었으나 아브람의 '제단'(altar)이 없었다. 이것이 그 자신도 몰랐던 아브람과 롯의 결정적인 경쟁력 차이였다. 장막은 사업이요, 재산이다. 그러나 제단은 하나님을 예배하는 곳이다. 롯에게는 아브람과 견줄 만한 장막이 있었지만, 아브람의 신앙은 없었다. 아무것도 아닌 차이 같았지만, 바로 이것이 훗날 아브람과 롯의 인생을 하늘과 땅 차이로 달라지게 한다. 바로 그것이 결정적인 순간에 롯의 선택 기준을 극히 세상적으로 만든 것이다. 롯같이 돈만 아는 심복이 아브람 곁에 계속 붙어 있다가는 아브람의 신앙도 흔들려서 하나님이 원하시는 믿음의 조상이 되지 못할 위험이 있었다. 그래서 하나님이 이쯤에서 그를 빼신 것이다.

이렇듯 하나님이 우리에게서 사람을 빼실 때에는 그가 갖고 있던 영적 독소를 함께 빼시는 것이기에 궁극적으로는 우리에게 복이 된다.

하나님께서는 물질적인 사람도 빼시지만, 두려움의 영에 사로잡힌 불신의 사람들도 우리 옆에서 빼신다. 미디안의 엄청난 대군과 싸워야 하는 긴박한 상황에서 하나님께서는 기드온의 3만 2천 군사를 순식간에 3백 명으로 줄여버리셨다. 몇 만을 더해주서도 모자랄 판에 있는 군사마저도 100분의 1로 줄여버리신 까닭은 무엇인가? 그 답이 신명기에 나온다.

책임자들은 또 백성에게 말하여 이르기를 두려워서 마음이 허약한 자가 있느냐 그는 집으로 돌아갈지니 그의 형제들의 마음도 그의 마음과 같이 낙심될까 하노라 하고

신 20:8

전쟁의 기선을 제압하는 것은 심리전이다. 두려워하면 시작도 하기 전에 벌써 반쯤 지고 들어가는 것이다. 두려움은 전염성이 강하다. 두려움에 사로잡힌 몇 명의 병사가 군대 전체에 두려움을 퍼뜨릴 수 있었다. 그래서 하나님께서는 두려움에 사로잡혀 있는 사람들은 전쟁에서 빼라고 하셨다. 출애굽 1세대도 아낙 자손을 향한 두려움에 사로잡혀 공포에 떨니, 하나님께서 백만이 넘는 그 세대 전부를 약속의 땅에 들어가지 못하도록 빼버리셨다.

하나님의 군대는 그 어떤 불리한 상황 앞에서도 결코 위축되면 안 된다. 전능하신 하나님께서 우리와 함께하심을 믿고 담대하게 나가야 한다. 두려움이 전염성이 있다면 담대함도 전염성이 있다. 우리는 담대함을 전염시키는 사람들이 되어야 한다. 그리스도의 군대는 말씀과 기도로 담대함을 가진 사람들로 구성되어야 한다. 하나님께서 두려움에 굴복한 사람들을 하나님의 군대에서 빼버리실 때 놀라지 말고 받아들이라. 그게 오히려 이쪽이 더 강해지는 길이다.

하나님께서 아브람 진영에서 롯을 빼실 때는 세상적 물질주의를 빼신 것이며, 기드온 군대를 3백 명으로 줄이실 때는 두려움의 영을 빼신 것이다. 이렇듯 하나님께서 우리에게서 사람을 빼실 때는 다 이유가 있다.

해가 될 요소를 미리 제해주신다

하나님께서는 가만 놔두면 우리의 믿음의 여정에 치명적인 해가 될 요소들을 미리 제거해주신다. 에스겔서 20장에 보면 하나님께서는 "너희

가운데에서 반역하는 자와 내게 범죄하는 자를 모두 제하여" 버리겠다고 말씀하셨다(겔 20:38). 하나님이 기뻐하지 않으시는 사람들을 그대로 방치하면 공동체 전체가 패배하게 된다.

아이성 1차 전투에 패배한 뒤, 배신자 아간 일족을 처단한 일만 해도 그렇다. 아간은 유다 지파 사람이었다. 그런 불순한 영을 가진 사람을 계속 놔두었으면 유다 지파가 어찌 훗날 다윗과 예수 그리스도를 배출하는 왕의 지파로 성장할 수 있었겠는가. 당시는 아픔이었지만, 궁극적으로는 축복이 된 사건이다.

> 그가 말하기를 돋우고 돋우어 길을 수축하여 내 백성의 길에서 거치는 것을 제하여 버리라 하리라 사 57:14

우리는 우리가 가는 길에서 '거치는 것'이 무엇일지 정확히 모른다. 그러나 하나님께서 지금 내게서 빼가시는 것이 훗날 우리 앞길에 거치는 것임은 확실하다. 인간관계라는 게 정이 들면 잘못된 것을 알면서도 결단하기가 쉽지 않다. 그래서 롯을 떠나보내듯이 하나님이 주도적으로 빼버리신다.

하나님의 뺄셈을 아프더라도 감사히 받아들이라. 하나님께서는 우리의 삶에 역경을 허락하시면서 우리가 그 어려움을 어떻게 극복하는지 보신다. 어떠한 태도로 하나님의 뺄셈을 받아들이는지 보신다. 지금 이해가 되지 않아도, 지금 아프고 힘들어도 감사함으로 받아들이라. 언젠가는 하나님께서 우리 슬픔이 변하여 기쁨이 되게 하실 것이다.

뺄셈으로 더해지는 분별력

하나님께서 우리가 의지하던 롯 같은 것을 빼시면 우리에게는 전에 깨닫지 못했던 새로운 영적 분별력이 생긴다. 지식은 뭔가를 더해야 얻어지지만, 지혜는 뭔가를 버려야 얻어진다. 욥을 보라. 하나님의 허락으로 사탄은 욥이 소유한 막대한 재산을 모두 빼앗아갔다. 자녀들도 죽고 자신의 몸도 병에 걸리는 엄청난 시련이 한꺼번에 욥에게 몰려왔다.

그때 달려온 친구들이 와서 한다는 말이 모두 "네가 이런저런 잘못을 해서 하나님이 벌을 주신 것이니 회개하라"라는 것이었다. 안 그래도 여러 시련 속에 힘들어 죽겠는데, 이것을 영적으로 해석해서 각자 나름대로 정죄하고 설교를 해대니 욥은 마음이 너무 괴로웠다. 거기다가 욥의 아내는 "차라리 하나님을 저주하고 죽으라"라고 악담을 한다.

욥이 재물도 있고, 명예도 있고, 건강도 있을 때는 항상 욥 주위에서 '욥'비어천가를 부르며 좋은 소리만 하던 사람들이 욥이 모든 것을 다 잃게 되자 완전히 돌변했다. 주위 사람들의 실체를 알고 싶으면 당신이 모든 것을 잃었을 때 누가 당신 곁에 아직 남아 있는지, 또 그들이 어떤 말과 행동을 하는지를 살펴보라. 욥은 비로소 자신이 그동안 유지해온 인간관계가 얼마나 부질없는 것인지를 깨닫게 되었다. 친구도 아내도 아무 도움이 안 되었다. 오직 믿을 분은 하나님뿐이셨다.

하나님은 그때 욥에게 하나님의 마음을 열어 보이시며 하나님을 더 깊이 알도록 말씀해주셨고, 욥은 그제야 하나님 앞에 엎드려 고백했다.

> 내가 주께 대하여 귀로 듣기만 하였사오나 이제는 눈으로 주를 뵈옵나이다 그러므로
> 내가 스스로 거두어들이고 티끌과 재 가운데에서 회개하나이다 욥 42:5,6

가진 것 모두를 잃어버리는 시련 속에서 하나님과 사람을 보는 욥의 눈이 새로워졌다. 육체의 눈으로 하나님과 사람을 대했던 자신의 죄를 엎드려 회개하게 되었다. 하나님은 그 기도를 들으시고 욥의 친구들을 꾸짖으시고, 욥의 모든 것을 갑절로 회복시켜주셨다. 우리가 하나님의 뺄셈에 담긴 영적 레슨을 깨달으면 하나님께서는 항상 축복의 덧셈으로 응답해주신다.

뺄셈으로 더해지는 정결함

또한 하나님은 뺄셈을 통해 우리를 정결한 예배자로 빚으신다. '하나님의 마음에 맞는 사람'이었던 다윗은 정말 많은 인생의 굴곡을 경험한 사람이다. 그러나 그의 인생에 가장 큰 아픔은 아마 사랑했던 아들 압살롬의 반역 사건이었을 것이다. 압살롬은 오랜 세월, 내부의 불만 세력을 잘 규합하여 치밀하게 준비한 끝에 반란을 일으켰다. 아무 대비가 없었던 늙은 다윗 왕은 아들이 이끄는 엄청난 반란군에게 쫓겨 수도 예루살렘을 떠나 도망가야만 했다. 아들에게 배신당하고, 살던 궁궐도, 돈도, 권력도, 명예도 다 잃어버렸다. 이렇듯 하나님께서 인생의 한두 개도

아니고 여러 개를 한꺼번에 빼시는 경우가 있다.

이 절망적인 시간에 다윗은 시편 27편을 썼다. 그중에서도 수많은 영적 지도자들의 인생 구절이 된 말씀이 4절이다.

> 내가 여호와께 바라는 한 가지 일 그것을 구하리니 곧 내가 내 평생에 여호와의 집에 살면서 여호와의 아름다움을 바라보며 그의 성전에서 사모하는 그것이라 시 27:4

다윗은 이 칠흑 같은 고난 속에서 하나님의 집에서 하나님을 예배하는 그 한 가지를 더욱 사랑하게 되었다. 다윗은 자신이 잃어버린 권력이나 재물에 대한 미련 때문에 슬퍼하지 않았다. 오히려 그것들을 다 잃어버림으로써 세상 권력과 재물의 무상함을 알게 되었다.

그러다 보니 다윗은 영원한 것은 오직 하나님과 자신의 관계뿐임을 알게 되었다. 그의 예배는 뜨거워졌고, 진실해졌고, 정결해졌다. 하나님 외에 바라볼 수 있는 것도, 가지고 놀 수 있는 것도 다 없어져 버렸기 때문에, 다른 데 시선이 분산되지 않았다. 오직 주님께 집중하는 예배자로 거듭나게 되었다. 세상의 권력과 재물이 빠져나가자 '오직 그 한 가지' 하나님의 임재만을 사모하는 예배자가 탄생하게 되었다. 우리 인생에서 드리는 가장 뜨겁고 진실한 예배는 고난 가운데 드리는 예배일 것이다.

뺄셈으로 더해지는 겸손과 거룩

고난 가운데 만들어진 진실한 예배자의 특징은 마음이 겸손하고 정결해지는 것이다. 다윗이 저지른 죄의 대부분은 그가 광야에 있을 때가 아닌 왕의 자리에 있을 때였다. 다윗은 왕이 되고 나서 자기도 모르게 교만해져 권력을 이용하여 불륜도 저지르고 여러 잘못을 많이 했다. 그러나 압살롬의 반역으로 권력을 잃게 되면서 다윗은 마음이 가난해졌다. 권력자의 자리에 있을 때 보지 못했던 자신의 모습들을 회개하게 되었다.

우리도 마찬가지다. 우리가 저지르는 대부분의 죄악은 우리에게 힘이 있을 때 짓는 것들이다. 우리에게 건강이 있고, 돈이 있고, 영향력이 있을 때 우리는 저도 모르게 교만해져서 죄를 많이 짓게 된다. 그러면서도 자신이 잘못된 것을 알지 못한다. 그러나 권력이나 재물을 잃고, 건강이 악화될 때 우리는 비로소 우리가 잘나갈 때 저질렀던 죄의 실체를 깨닫고 회개하게 된다.

우리에게서 세상적인 힘이 빠져나갈 때, 그것은 어찌 보면 영적인 시험을 당하는 것이다. 그러나 이것은 하나님이 허락하신 시험으로서, 우리를 죽이기 위한 시험이 아니고 우리를 연단하기 위한 시험이다. 야고보는 "시험을 참는 자는 복이 있나니"(약 1:12)라고 했는데, '시험을 참는다'라는 것은 단순히 시험의 고통을 참아내는 것을 의미하는 게 아니라 시험에 노출된 내 안의 거짓된 것, 위선, 잘못된 것들을 고치거나 바꾸는 것이다. 잘못된 부분을 찾아내서 고치면 그다음에 동일한 어려움을 당하지 않게 된다.

하나님에게만 집중하는 예배자는 그 마음과 인격에서 교만과 독선과 열등감과 거짓 같은 영적 독소들이 다 빠져나가고 정결하고 겸손한 인품으로 바뀌게 된다. 그것이 하나님의 뺄셈을 제대로 받아들인 사람에게 주어지는 축복이다. 우리 주위에 겸손하고 정결한 인품을 가진 사람들을 발견한다면, 십중팔구 그들은 하나님의 뺄셈을 은혜롭게 잘 받아들인 사람들일 것이다.

하나님은 항상 뺄셈을 통해서 덧셈을 하신다. 이것의 가장 위대한 예는 바로 죽음과 부활이다. 우리는 모두 언젠가 다 죽는다. 우리의 육신은 병들고 죽게 되어 있다. 세상은 죽음을 비참하게만 본다. 생명을 잃으면 모든 것을 빼앗기는 것으로 생각한다. 그러나 하나님은 육체의 생명을 앗아가시면서 하나님의 백성에게는 영원한 천국 생명을 더해주신다. 성경은 육체의 죽음을 아무도 피할 수 없음을 계속 강조하면서, 영원한 천국 소망도 계속 강조한다. 바로 그 하나님의 뺄셈을 통한 덧셈의 법칙을 우리에게 가르쳐주기 위해서이다.

함부로 빼지 말라

미국의 옐로스톤 국립공원에서는 1930년대 이르러 늑대가 사라졌다. 엘크와 가축을 해친다는 이유로 계속 잡아들였기 때문이다. 그런데 뜻밖의 상황이 발생했다. 늑대가 사라지자 늘어난 사슴이 풀과 나무를 먹어치웠다. 숲이 황폐해지고 먹이가 부족해졌고 사슴은 강가의 나무까지 먹기 시작했다. 강가의 나무들이 무너져 내리자 강에 살던 비버들도 굶주리게 됐다. 비버들이 만든 댐이 강물을 가둬주는 역할을 해서 항상 나무에 수분이 공급되곤 했는데, 그 댐들이 없어지면서 강가는 더욱 황폐해졌다. 그러자 홍수가 점점 잦아지고 토양이 쓸려 내려갔다. 옐로스톤 국립공원의 모습은 점점 참담해졌다.

결국 1990년대에 이르러 미국 정부는 캐나다에서 늑대를 들여와 풀어 주기에 이르렀다. 다시 늑대가 사슴을 잡아먹기 시작하면서 사슴의 숫자는 급격히 줄었고 강가의 작은 나무도 다시 살아났다. 이렇듯, 하나님이 만드신 생태계에 필요 없는 존재는 없다. 늑대같이 해로운 존재라고만 생각되는 동물도 생태계를 유지하는 데 반드시 필요한 존재로 창조된 것이다. 이것을 인간들이 인위적으로 빼니까 문제가 생겼다.

마찬가지로, 우리 생각으로 우리 인생에 해로운 것들이니까 그냥 빼버려야 한다고 판단해서 인위적으로 빼버리면 문제가 생길 수 있다. 그래서 하나님도 그런 기도는 응답해주지 않으시는 경우가 많다.

어떤 경우에는 우리가 빼야 한다고 생각하는 아픔이 오히려 은혜의 도구로 사용될 수 있다. 사도 바울은 평생 병을 가지고 있었다. 성경은 '육체의 가시'라고만 표현할 뿐 정확히 그 병명을 밝히지 않는다. 다만 바울을 몹시 고통스럽게 했던 것만은 분명하다. 바울은 세 번씩이나 이 병을 자기 몸에서 없애달라고 하나님께 기도했다. 몸이 건강하면 하나님의 사역을 몇 배나 더 잘할 수 있을 것 같았다. 그러나 하나님께서는 번번이 바울의 기도를 거절하시면서 말씀하셨다.

내 은혜가 네게 족하도다 이는 내 능력이 약한 데서 온전하여짐이라 하신지라 그러므로 도리어 크게 기뻐함으로 나의 여러 약한 것들에 대하여 자랑하리니 이는 그리나는 이 말씀이 하나님의 뺄셈을 우리가 어떻게 받아들여야 하는지에 대한 가장 아름다운 하나님의 메시지라고 생각한다. 바울은 자기 몸에 있는 병이 사역의 걸림돌이라고 생각했는데, 하나님은 오히려 그 약함이 사역의 디딤돌이라고 하셨다. 병약한 육체로 인하여 바울은 자기의 힘이 아닌 하나님의 힘을 온전히 의지할 수밖에 없었고, 많은 동역자와 팀워크를 이룰 수밖에 없었다. 이 과정에서 그는 항상 겸손해야 했고, 항상 기도해야 했다. 하나님은 바울의 그런 겸손과 기도를 통해서 더 크게 역사하실 수 있었다.

십여 년 전, 나도 안면마비가 심하게 와서 몇 달간 모든 사역을 내려놓고 쉬어야 했던 때가 있었다. 회복되어 사역을 다시 시작한 뒤에도 의사 선생님의 말씀이 늘 귓가에 맴돌았다.

"목사님, 아직 100퍼센트 치유된 것이 아닙니다. 평생 10-20퍼센트의 아픔은 남아 있을 것입니다. 그러니 앞으로 본인이 할 수 있다고 생각하는 것의 70퍼센트 정도만 일하며 사세요."

그래서 지금도 나는 늘 절제하고 조심하여 내 일정을 관리하면서 정기적으로 운동과 산책을 하며 컨디션을 조절한다. 또한 아프면서 아픈 사람들의 마음을 깊이 이해하게 되어서 그들을 향한 목양적 사랑이 깊어졌다. 사역을 다시 시작한 얼마 뒤에 불같은 성령 체험을 하면서 기도도 완전히 달라졌다. 외부로 나가 집회하고 활동하는 시간보다 하나님 앞에 기도하며 잠잠히 머무르는 시간을 더 늘리게 되었다. 이것이 오늘날 새로운교회를 이렇게 은혜롭게 목회할 수 있는 원동력이 되었다.

하나님이 내 병을 완전히 없애주시지 않았어도 나는 더 이상 그것을 다 제거해달라고 조급하게 매달리지 않는다. 바울의 육체의 가시를 완전히 빼주시지 않은 이유가 있었듯이 하나님께서 우리의 병을 완전히 치유해주시지 않을 때도 은혜로운 이유가 있기 때문이다.

하나님의 계획이 있음을 인정하라

같은 원리가 사람을 대할 때도 적용되는데, 우리는 인간적인 눈으로 사람을 함부로 판단하고 빼선 안 된다. 세상적 선입관을 보고 사람을 함부로 판단하지 말고, 모든 사람에게는 우리가 모르는 하나님의 놀라운 계획이 있음을 인정해야 한다.

사사 시대에 베들레헴에 이새라는 사람이 살았다. 그에게는 여덟 아들이 있었다. 그런데 선지자 사무엘이 집으로 찾아와 "너희 아들 중에 한 명을 하나님께서 다음 왕으로 기름 부으실 것이니 아들들을 다 데려오시오"라고 했을 때, 이새는 일곱 명의 아들만 도열시켰다. 들에서 양을 치고 있는 막내 다윗은 아직 어리고 할 줄 아는 것이 없으니 아예 후보에서 제외해버린 것이다. 다행히 하나님께서는 이새의 뺄셈에 동의하지 않으시고, 굳이 다윗을 찾아 데려오게 하셨다. 그리고 말씀하셨다.

내가 보는 것은 사람과 같지 아니하니 사람은 외모를 보거니와 나 여호와는 중심을

보느니라 삼상 16:7

이 말씀에서 '외모'는 단순히 육체적인 아름다움뿐 아니라, 오늘날 세상에서 흔히 사람을 평가할 때 사용되는 기준인 학벌, 인맥, 스펙 같은 세상적인 조건들을 다 포함한다.

가만 보면 우리 부모도 자식들을 평가할 때 외모로 본다. 그래서 '이 아이는 크게 될 아이지만, 저 아이는 자기 앞가림이나 하면 다행'이라고 섣부르게 판단해버리곤 한다. 그러나 하나님께서는 우리가 그렇게 함부로 제외한 자녀를 다윗처럼 찾아서 역사의 중심으로 세우시는 경우가 많다. 기도하며 하나님의 뜻을 구하기 전에 함부로 우리가 사람을 제외해선 안 된다.

교회 공동체 내에서 서로를 볼 때도 세상적인 눈으로 함부로 판단해선 안 된다. 인간적인 조건이 별 볼 일 없다고 해서 '저 사람은 없어도 될 사람'이라면서 우리 마음대로 함부로 사람을 제외해선 안 된다. 때로 눈에 잘 띄지도 않고, 세상적으로 보잘것없는 것 같은 연약한 형제자매들로 인해서 다른 사람들이 큰 도전과 은혜를 받곤 한다.

더 약하게 보이는 몸의 지체가 도리어 요긴하고 우리가 몸의 덜 귀히 여기는 그것들을 더욱 귀한 것들로 입혀주며 우리의 아름답지 못한 지체는 더욱 아름다운 것을 얻느니라 고전 12:22,23

어찌 보면, 보이지 않는 부분이 가장 중요하다. 우리 몸의 장기 중에서 중요한 부분들은 다 속에 들어가 있고 갈비뼈가 겉에서 보호해주고 있지 않은가? 눈에 띄지 않는 사람일수록 더 중요할 수 있다. 우리가 없어도 된다고 생각하는 것들이 오히려 하나님께서 보시기엔 꼭 필요한 것들일 수 있다. 건축자의 버린 돌이 하나님 손에서 모퉁잇돌이 된다.

모든 말씀을 아멘으로 받으라

하나님의 말씀을 대할 때도 우리 마음에 들지 않는 것들을 함부로 빼선 안 된다.

> 만일 누구든지 이 두루마리의 예언의 말씀에서 제하여 버리면 하나님이 이 두루마리
> 에 기록된 생명나무와 및 거룩한 성에 참여함을 제하여 버리시리라 계 22:19

성경에 없는 이야기를 만들어서 하는 것도 죄지만, 성경에 있는 말씀을 없는 것처럼 빼버리는 것도 그에 못지않은 죄다. A. D. 2세기경 마르시온(Marcion)이라는 이단은 구약성경 전체를 성경에서 제외했고, 신약에서도 누가복음과 바울서신을 제외한 모든 성경을 부인했다. 이유는 하나님은 사랑이신데 다른 성경들에 나오는 하나님은 잔혹하고 무섭기 때문이라고 했다.

그러나 하나님은 사랑이신 동시에 거룩이시다. 하나님의 거룩한 말씀이 우리의 죄를 지적한다고 해서 그것을 말씀이 아니라고 빼버리면, 우

리의 신앙은 뿌리부터 무너지게 된다. 하나님의 말씀은 아무리 부담스럽고 힘들어도 모두 "아멘!"으로 받고 믿고 순종해야 한다.

롯을 빼고 자신을 주신 하나님

지금까지 하나님의 뺄셈이 처음에는 우리에게 참 힘들게 느껴지지만, 감사함으로 받으면 하나님께서 곧 축복의 덧셈을 해주신다는 사실을 계속 강조했다.

본문에서 아브람은 팔 하나를 떼어내는 심정으로 조카 롯을 떠나보냈다. 그렇게 롯이 아브람을 떠나고 난 뒤에 어떤 일이 일어났을까?

> 롯이 아브람을 떠난 후에 여호와께서 아브람에게 이르시되 너는 눈을 들어 너 있는 곳에서 북쪽과 남쪽 그리고 동쪽과 서쪽을 바라보라 창 13:14

롯이 떠나니 아브람에게 하나님이 오셨다. 롯을 빼시고 대신 누굴 주시나 했더니 하나님 자신을 주셨다. 할렐루야!

그러니 떠나야 할 롯은 떠나보내자. 우리 안에 있는 세상적이고 인간적이고 물질적이고 자기중심적인 롯과 매일 결별을 선언하라! 당장은 어렵지만, 내가 인간적으로 의지하던 롯이 떠남으로 하나님이 오신다. 하나님께서는 인간이 줄 수 없는 축복을 갖고 오신다. 롯이 있을 때는 보지 못했던 새로운 도전의 장소, 새로운 비전과 축복으로 인도하신다.

하나님께서는 아브람에게 눈을 들어 주위 동서남북을 바라보게 하셨다. 롯이 떠난 뒤 아브람은 마음이 허전하고 기가 죽어 처져 있었다. 하나님은 그런 아브람에게 "기죽지 말고 고개를 들어라. 나는 네가 그렇게 처져 있는 것을 보길 원치 않는다. 눈을 들어 당당히 세상을 바라보라. 하늘을 보라. 내가 너에게 새로운 비전을 보여주겠다"라고 하시는 것이다. 롯을 보내고 하나님을 맞으면 놀라운 일이 생긴다. 내가 상상할 수 없던 크고 비밀한 세계, 축복의 세계가 열린다.

인간은 본능적으로 땅을 보며 산다. 그러나 하나님은 우리에게 땅을 보지 말고, 고개를 들어 하늘을 보라고 하신다. "너 있는 곳에서 동서남북을 바라보면 보이는 그 땅을 다 너와 네 자손에게 주겠다"라고 하신다. 그 말은 곧 롯이 욕심으로 취한 땅까지도 결국은 다 아브람의 땅이 된다는 뜻이다. 또한 사람의 복도 주겠다고 하신다. 네 자손이 땅의 티끌 같이 많아질 것이라고 하셨다. 얼마나 엄청난 말인가?

내가 욕심 부린다고 되는 것이 아니라, 하나님께서 주셔야 된다. 롯이 욕심 부리며 향한 땅은 롯같이 욕심 많은 사람이 치열하게 싸우고 경쟁하고 다투는 곳이었다. 그런데 그 땅도 언젠가는 다 아브람의 후손들 것이 된다는 것이다. 아브람이 하나님을 믿고 양보한 모든 것을 나중에는 갑절로 다시 아브람에게 주신다는 약속이다.

인간끼리 아웅다웅한다고 되는 게 아니다. 하늘과 땅의 절대적 주인은 하나님이시다. 하나님이 주셔야 비로소 내 것이 된다. 걱정하지 말고 하나님을 믿고 순종하며 축복의 미래를 선포하라. 뺄셈을 통한 하나님의 덧셈을 기대하라!

하나님의 곱셈

세상 최고의 투자

이에 예수께서 여러 가지를 비유로 가르치시니 그 가르치시
는 중에 그들에게 이르시되 들으라 씨를 뿌리는 자가 뿌리러
나가서 뿌릴새 더러는 길가에 떨어지매 새들이 와서 먹어버
렸고 더러는 흙이 얕은 돌밭에 떨어지매 흙이 깊지 아니하므
로 곧 싹이 나오나 해가 돋은 후에 타서 뿌리가 없으므로 말
랐고 더러는 가시떨기에 떨어지매 가시가 자라 기운을 막으
므로 결실하지 못하였고 더러는 좋은 땅에 떨어지매 자라 무
성하여 결실하였으니 삼십 배나 육십 배나 백배가 되었느니
라 하시고   막 4:2-8

'나비효과'라는 말을
한 번쯤은 들어봤을 것이다. 지구 저쪽 끝에서 나비의 작은 날갯짓 하나
가 지구 다른 쪽 끝에 가서는 거대한 태풍이 될 수도 있다는, 그러니까
작은 시작이 아주 큰 파급효과를 가져올 수 있다는 뜻이다. 곱셈이 그
렇다. 7에 7을 더하면 14지만 7에 7을 곱하면 49가 된다. 그러니까 더
하는 것의 몇 배, 혹은 몇십 배의 더 큰 파급효과가 있는 것이 곱셈이다.

성경에 보면 하나님께서 아주 작은 날갯짓을 한번 시작하시는 것 같
은데 나중에는 그것이 수많은 사람의 운명을 바꾸는 엄청난 파급효과를
가져오는 장면이 많이 나온다. 나는 이것을 하나님의 곱셈이라는 패러
다임으로 한번 생각해보고자 한다.

말씀의 나비효과

예수님이 들려주신 유명한 씨 뿌리는 자의 비유에서 씨 뿌리는 자는
하나님이시고, 뿌려지는 씨는 하나님의 말씀이다. 하나님의 곱셈의 시작
은 항상 '하나님의 말씀'이다. 성경의 시작인 창세기 1장은 하나님께서
흑암과 혼돈만 가득했던 곳에 말씀의 씨앗을 뿌리신 내용이다. 하나님

의 말씀의 씨가 하나씩 뿌려질 때마다 빛이 생기고, 하늘과 바다가 생기고, 땅과 동식물이 생겼다. 천지창조 때 떨어진 말씀의 씨앗들은 수많은 연쇄작용을 일으키게 된다. 예를 들어, 하나님께서 창조하신 모든 동물은 계속 교배하여 그 수를 불려가게 되고, 식물들은 끊임없는 광합성 작용을 통해 양분을 만들며 번성하게 된다. 하나님의 말씀은 작게 시작하는 듯해도 가면 갈수록 엄청난 곱셈의 파급효과를 가져온다.

말씀의 씨를 뿌려 천지를 창조하신 하나님께서는 그 뒤에도 끊임없이 말씀의 씨를 뿌려 역사를 경영하셨다. 하나님께서는 아브람에게 약속의 말씀을 주셔서 갈대아 우르에서 불러내셨다. 그리고 그 주신 말씀대로 아브람의 씨를 통해 바다의 모래처럼 많은 이스라엘 민족을 이루셨다. 그리고 모세를 통해 주신 십계명 말씀대로 이스라엘 백성을 거룩한 나라로 세우셨고, 여호수아에게 주신 말씀대로 약속의 땅을 차지하게 하셨다. 처음 하나님의 말씀의 씨앗이 떨어질 때는 정말 '이게 가능할까?' 싶을 정도로 불가능한 비전 같았지만, 시간이 가면 반드시 그 말씀은 현실이 되었고 놀라운 곱셈의 열매를 맺어 새로운 역사를 이루곤 했다.

그리고 이 땅에 오신 하나님의 아들 예수 그리스도는 말씀이 육신이 되신 분이시다. 예수님이 말씀하시면 물이 변하여 포도주가 되었고, 죽은 나사로가 살아났으며, 거친 파도가 잠잠해졌다. 사마리아 우물가의 한 여인이 예수님의 말씀을 듣고는 자기만 변한 것이 아니라 그 동네 사람들 전체를 예수께로 인도하여 변화 받게 했다. 예수님의 말씀은 이렇듯 수많은 사람의 인생을 변화시키는 거룩한 파급효과가 있었다.

좋은 땅에서 일어나는 곱셈의 은혜

중요한 것은 이 말씀에 우리가 어떻게 반응하느냐 하는 것이다. 씨앗이 좋은 땅에 떨어졌다. 돌도 없고 농사하기에 좋도록 준비된 땅이라 아주 쉽고 부드럽게 씨앗을 받아들인다. 그래서 싹이 트고 줄기가 돋아 쑥쑥 자라서 30배, 60배, 100배가 되었다.

> 더러는 좋은 땅에 떨어지매 자라 무성하여 결실하였으니 삼십 배나 육십 배나 백배가 되었느니라 하시고 막 4:8

엄청난 곱셈이다. 좋은 마음 밭에서 말씀을 받아 열매를 맺는 사람은 남보다 탁월한 능력이 있거나 특별한 행동을 한 게 아니다. 그저 하나님의 말씀을 거부하지 않고 잘 받아들인 것뿐이다. 그런데 말씀이 이 사람 안에 서서히 스며들면서 조용한 기적이 일어나기 시작한 것이다. 말씀이 내 안에 스며들기 시작할 때 천국의 능력, 천국의 기쁨, 천국의 모든 것이 내 안에서 역사한다.

> 좋은 땅에 뿌려졌다는 것은 곧 말씀을 듣고 받아 삼십 배나 육십 배나 백배의 결실을 하는 자니라 막 4:20

여기서 주목해야 할 핵심 단어는 '말씀을 듣고 받는 것'이다. 나는 이것을 간단히 말씀을 믿고 순종하는 것이라고 표현하고 싶다. 말씀은 단순히 공부하는 게 아니라 믿고 순종해야 그 능력을 누릴 수 있다. 그런데 많은 사람이 자기 생각과 고집이 너무 세서, 혹은 게으르거나 의심이 많아서, 혹은 두려움에 사로잡힌 까닭에 이 간단한 것을 잘 못한다. 그러나 성경은 말씀을 믿고 순종한 사람들이 얼마나 놀라운 곱셈의 축복을 받았는지에 대한 기록으로 가득 차 있다.

우리의 전문성이 벽에 부딪힐 때 말씀에 순종하면 길이 열린다. 평생 뱃사람으로 살아온 베드로는 밤새도록 그물질을 했으나 한 마리의 고기도 잡지 못했다. 그러나 "깊은 곳에 그물을 던지라"라는 예수님의 말씀을 믿고 순종했더니, 얼마나 많은 고기 떼가 잡혔는지 자기 배뿐 아니라 동료의 배까지 가득 채울 정도로 만선의 축복을 누렸다. 엄청난 곱셈의 축복이다. 당신이 전문가라고 자부하는 분야에서 실패했는가. 절망하지 말고 주님의 말씀을 붙잡고 다시 시작해보라.

믿고 순종할 때 임하는 기적

불가능하게 힘든 환경 속에서도 말씀을 믿고 순종하면 복이 임한다. 아브라함의 아들 이삭 때에 이르러 큰 흉년이 들자, 이삭은 애굽으로 피신하려 했다. 그러나 하나님께서 애굽에 가지 말고 이 땅에 머무르라 했다. 이삭은 그 말씀에 순종하여 흉년이지만 농사를 지었다. 그러자 놀라운 일이 일어났다.

이삭이 그 땅에서 농사하여 그해에 백배나 얻었고 여호와께서 복을 주시므로 그 사

람이 창대하고 왕성하여 마침내 거부가 되어 창 26:12,13

이삭은 아버지 아브라함처럼 어려움 속에서도 하나님의 말씀을 믿고 순종하여 곱셈의 축복을 받은 것이다. 흉년에 농사를 지었는데도 100배의 풍작을 거둔 것은 사람의 힘으로 된 일이 아니다. 온 세상이 불경기인데 이삭에게만 온 이 축복은 말씀을 믿고 순종하는 자에게 주어지는 하나님의 파격적 곱셈 축복이다.

주님의 말씀을 믿고 순종하면 기적 같은 치유가 임한다. 누가복음 7장에 보면 로마 백부장의 종이 중병에 걸려 죽어가고 있었다. 백부장이 사람들을 보내어 예수님이 오셔서 고쳐달라고 간청하여 주님께서 그 집으로 가시던 중이었다. 그때 백부장은 사람들을 보내어 "굳이 집까지 오실 것 없이 말씀만 하사 내 종을 낫게 하소서"라고 고백하는 파격적인 믿음을 보였다. 말씀의 씨앗이 떨어지기도 전에 그 말씀의 능력을 붙잡은 것이다. 주님은 그 믿음을 칭찬하셨고 그 즉시 종의 병이 나았다. 주님이 직접 가시지도 않았는데 병이 나았다. 순전한 믿음으로 말씀을 붙잡으면 이런 기적 같은 치유를 경험할 수 있다.

주님의 말씀을 믿고 순종하면 수많은 사람이 몰려오는 부흥의 축복을 누린다. 사도행전 6장 7절에 보면 "하나님의 말씀이 점점 왕성하여 예루살렘에 있는 제자의 수가 더 심히 많아지고"라고 되어 있다. 초대교회는 의도적으로 숫자를 늘리려고 하지 않았다. 다만 기도하며 하나님의 말씀을 선포하고 말씀대로 순종했더니 말씀이 힘을 얻으면서 하나님이 보내주시는 사람들의 숫자가 폭발적으로 늘어난 것이다. 말씀을 듣고 변화 받은 성도가 자신의 가족을 데려오고, 친구를 데려오고 하면서 이렇게 많은 축복된 영혼들의 곱셈이 되었다. 사람의 축복을 받고 싶으면 말씀을 붙잡으라.

굳어버린 마음 밭을 기경하라

하나님의 말씀의 씨앗은 엄청난 능력과 축복이 담겨 있는 최상품 씨앗이다. 방금 얘기한 믿음과 순종의 좋은 마음 밭에 떨어지면 수십 배의 열매를 맺을 것인데, 이것이 잘못된 마음 밭에 떨어지면 하나님의 곱셈의 축복이 이뤄지지 못한다. 본문에는 세 가지 잘못된 마음 밭이 소개된다. 먼저는 길가 밭이다.

더러는 길가에 떨어지매 새들이 와서 먹어버렸고 막 4:4

'길가'는 사람들이 많이 다녀서 굳은 땅이다. 갈리지 않아서 씨앗이 파고들지 못한다. 지식이 너무 많거나 인생의 산전수전을 두루 겪어서 모든 것을 경험으로 다 안다고 생각하는 사람들이 이 부류에 속한다. 이들의 마음은 완고하고 강퍅하다. 하나님의 말씀을 대할 때, 귀하게 여기고 순종하려는 마음보다는 의심의 눈으로 판단하고 무시해버리는 태도가 더 강하다. 이런 마음 밭에서 하나님의 말씀이 어떻게 뿌리내릴 수 있겠는가?

겸손해져야 한다. 인간적 비늘이 눈에서 떨어져야 한다. 세상적인 사고방식으로 함부로 성경을 판단하려 하면 안 된다. 논리와 상식의 틀로만 말씀을 이해하려 해도 안 된다. 오늘, 교만한 마음을 내버리고 예수께 겸손히 나아오기를 바란다. 지식의 교만, 경험의 교만, 옛사람의 교만이 송두리째 부서지기 바란다. 어린아이처럼 순수하고 겸손하게 하나님의 말씀에 마음을 열어보라. 전에 알 수 없던 놀라운 영적인 세계를 보게 될 것이다.

세상 지식과 경험의 방어막을 치고 굳어버린 마음 밭은 시급히 기경해야 한다. 길가에 말씀을 그대로 두면, 언젠가 그 땅이 풀려서 좋은 땅이 되면 싹을 틔울 수 있는 게 아니다. 그 씨앗은 언제까지 거기에 있지 못한다. 새들이 와서 순식간에 그 씨앗을 쪼아 먹어버리고 말 것이다.

마가복음 4장 15절에서 예수께서는 말씀의 씨앗들을 쪼아 먹는 새들을 사탄이라고 하셨다. 말씀이 왔지만 내 생각과 고집이 너무 강해서 그 말씀을 겸손히 받아들이지 않고 그대로 방치해두면, 금방 마귀가 와서 채어가 버린다는 것이다.

마귀는 하나님의 말씀의 씨앗이 얼마나 엄청난 잠재력을 갖고 있는가를 누구보다 잘 알고 있다. 그 말씀이 사람의 마음속에 제대로 뿌리내리고 열매를 맺으면 그는 구원을 받고 전도하기 시작하고, 마음속에 절망과 죽음과 음란과 폭력이 사라지고 하늘의 평화와 사랑과 기쁨이 가득찬다는 것을 알고 있다. 하나님의 나라가 말씀을 통해 무섭게 확장된다는 것을 알고 있다.

그래서 마귀는 총력을 기울여 우리의 영혼 속에 떨어지는 하나님의 말씀을 빨리 쪼아 먹어버리려는 것이다. 이것은 하나님의 말씀을 받아 내 영혼에 뿌리내리게 하는 것이 시간상 급하다는 뜻이다. 차일피일 미룰 일이 아니다. 오늘 말씀을 들었으면 오늘 바로 결단하고 받아야 한다. 말씀을 듣거나 읽는 그 순간 진실한 마음으로 "아멘!"으로 선포하고 받아들여서 내 영혼 깊숙이 넣어야 한다.

뿌리를 깊이 내려라

더러는 흙이 얕은 돌밭에 떨어지매 흙이 깊지 아니하므로 곧 싹이 나오나 해가 돋은 후에 타서 뿌리가 없으므로 말랐고 막 4:5,6

여기서는 씨앗이 흙이 얕은 돌밭에 떨어졌다. 겉으로만 보면 흙 같은데 조금만 파면 밑에 돌이 많다. 그래서 싹은 나왔지만 뿌리를 깊이 내리지 못해, 결국은 작열하는 태양 앞에 말라버린다. 이런 곳에 씨앗이 뿌려지면 바위의 온기로 인해 싹은 빨리 나지만, 뿌리가 성장할 수 없기 때문에 더 이상 자라지 못하고 해가 나면 곧 시들고 만다.

또 이와 같이 돌밭에 뿌려졌다는 것은 이들을 가리킴이니 곧 말씀을 들을 때에 즉시 기쁨으로 받으나 그 속에 뿌리가 없어 잠깐 견디다가 말씀으로 인하여 환난이나 박해가 일어나는 때에는 곧 넘어지는 자요 막 4:16,17

이런 부류의 사람들은 한마디로 아주 '감정적인 사람들'(emotional people), 충동적인 사람들이다. 하나님의 말씀을 들을 때, 이들의 반응은 즉각적이다. 말씀을 처음에는 아주 기쁘게 받아들인다. 말씀을 듣고 눈에 눈물이 글썽이고, "할렐루야! 아멘!"을 연발한다. 설교가 끝난 뒤엔 "은혜 받았다"라며 흥분한다. "헌신할 분들은 일어나십시오"라고 할 때마다 자리에서 일어난다.

그러나 이렇게 너무 감정적인 사람들의 신앙의 진가를 검증하는 때가 곧 오는데, 그것은 뜨거운 태양이 쬐기 시작할 때, 즉 시련이 닥칠 때이다. 그러면 그들은 잠깐 견디다가 곧 넘어진다. 하나님을 믿어도 살면서 반드시 시련은 몰려온다. 아니, 막 영적인 걸음마를 시작하려는 때에 어쩌면 더 혹독한 시련이 엄습할 수도 있다. 이때 이들은 곧 넘어진다. 즉 너무도 허무하게 맥없이 무너진다는 것이다. 조금만 어려운 일이 닥치면 다른 사람을 원망하고, 그러다가 하나님을 원망하고 시험에 든다.

이들이 쉽게 넘어지는 까닭은 뿌리가 없기 때문이다. 시련에도 흔들리지 않는 제대로 된 신앙을 가지려면 말씀 속에 깊이 뿌리내린 영성을 연마해야 한다. 말씀을 많이 아는 것보다 하나의 말씀이라도 깊이 묵상하고 실천하는 훈련을 해야 한다. 그렇게 시간이 걸려 영적 뿌리가 깊어져야 감정적으로 단단해질 것이다. 이렇게 뿌리가 다져진 신앙만이 어떤 시련과 유혹 앞에서도 무너지지 않는 것이다. 감정의 기복에 흔들리지 않는 믿음, 시련 속에서 더 단단해지는 강한 믿음이 우리 모두에게 있기를!

세상적 욕망을 견제하라

씨앗이 가시떨기에 떨어진 경우에는 흙도 좋고 돌도 없어서 씨앗이 뿌리를 내면서 잘 성장한다. 땅 자체엔 전혀 문제가 없다. 그러나 그 주위에 억센 가시떨기들이 땅 위를 점령한 게 문제다.

> 더러는 가시떨기에 떨어지매 가시가 자라 기운을 막으므로 결실하지 못하였고 ^{막 4:7}

씨앗이 줄기를 뻗치고 위로 올라가려고 하지만, 가시떨기 때문에 결국 숨이 막혀 죽고 만다. 이 가시떨기에 막힌 씨앗에 속하는 사람들은 그래도 앞선 다른 두 종류의 사람들에 비해 가장 열매를 맺을 가능성이 많은 사람들이었는데, 참으로 안타깝다. 이들을 중간에서 꺾어버린 가시떨기는 무엇일까?

> 또 어떤 이는 가시떨기에 뿌려진 자니 이들은 말씀을 듣기는 하되 세상의 염려와 재물의 유혹과 기타 욕심이 들어와 말씀을 막아 결실하지 못하게 되는 자요 ^{막 4:18,19}

우리 안에 말씀의 씨앗이 뿌리내리는 것을 막는 첫 번째 가시는 '세상의 염려'(the worries of this life)다. 이 세상을 살면서 우리는 끊임없이 닥쳐오는 문제들에 직면한다. 돈 문제, 건강 문제, 가정 문제, 사업 문제, 교회 문제 등등. 문제는 우리에게 계속해서 근심 걱정을 안겨준다. 여기에 얽매이면 말씀이 우리 안에 풍성히 역사하지 못한다.

우리가 군이 이야기하지 않아도 우리를 괴롭히는 문제들을 하나님은 이미 다 알고 계신다. 또한 우리를 사랑하시기 때문에 하나님께서는 반드시 우리의 모든 근심거리를 해결하실 것이다.

하나님의 말씀이 바로 그 해결의 방법이다. 말씀이 임하고 있는 지금 이 시간이 벌써 하나님이 우리를 살리시고 있는 시간이다. 그러므로 크리스천은 근심거리를 기도거리로 바꾸는 사람들이다.

아무것도 염려하지 말고 다만 모든 일에 기도와 간구로, 너희 구할 것을 감사함으로 하나님께 아뢰라 그리하면 모든 지각에 뛰어난 하나님의 평강이 그리스도 예수 안에서 너희 마음과 생각을 지키시리라 빌 4:6,7

말씀이 내 영혼 속에 역사하는 것을 막는 두 번째 가시는 '재물의 유혹'(the deceitfulness of wealth), 즉 돈의 유혹이다. 예수님을 잘 믿어보려는데, 재물의 유혹이 자신의 신앙 위에 가시떨기처럼 덮여 있다. 그래서 믿음이 조금 자라려다가 좌절하고, 다시 자라려다가 좌절하곤 하는 것이다. 필요 이상의 돈을 가지려고 너무 몸부림치지 말고, 돈 문제를 너무 생각하지 말라. 그것은 내 영혼의 숨통을 조일 것이다. 아무리 돈 없으면 못 사는 세상이라지만 믿음의 사람이 너무 돈을 밝히면 하나님의 말씀이 그 안에서 능력으로 역사할 수 없다. 우리가 사는 데 필요한 만큼의 돈, 하나님의 사명을 이루는 데 필요한 만큼의 돈은 욕심 부리지 않아도 하나님께서 채워주실 것이다. 그것을 믿고 초연해져라.

말씀이 우리 안에 역사하는 것을 막는 세 번째 가시는 '또 다른 욕심'(the desires for other things)이다. 이는 이 세상에서 누릴 수 있는 온갖 종류의 쾌락이다. 이런 사람에겐, 말씀 듣고 은혜 받는 것도 좋지만 세상에 재미있는 것이 너무 많다. 가고 싶은 여행지도 많고, 만나고 싶은 친구도 많고, 보고 싶은 TV 프로그램이나 영화도 너무 많아서 이것저것 다 하다 보니 은혜 받는 데 집중하지 못한다. 그래서 피곤하고 지친 몸으로 교회에 와서 건성건성 말씀을 듣고, 건성건성 성경을 뒤척인다. 세상 공부도 그런 식으로 하면 낙제할 것이다. 하물며 내 영혼의 운명이 걸린 하나님의 말씀을 그렇게 대해서야 제대로 은혜를 받을 수가 있겠는가?

자신의 삶을 심플하게 정리하라. 영성은 집중력이다. 이것저것 하고 싶은 것 다하고, 즐길 것 다 즐기고 나서 곁다리로 은혜도 받겠다고 하면 안 된다. 예를 들어, 교회에서 특별새벽기도 40일 같은 강도 높은 영성 훈련을 받는 동안에는 우리 모두의 삶이 아주 심플하게 정리된다. 그게 좋은 것이다. 말씀 속으로 깊이 들어가서 은혜의 강물에 깊이 잠겨보면, 그것이 세상 어떤 오락 활동보다 더 큰 기쁨을 주는 것을 체험하게 될 것이다. 다른 즐거운 것들을 포기하고 교회에 오는 것이 아니라, 교회에 와서 예배드리는 것이 가장 즐겁기 때문에 오게 된다. 예배를 견디는 게 아니라, 즐기고 사랑하게 된다. 그러면 우리 안에 떨어진 말씀의 씨가 쑥쑥 자라서 30배, 60배, 100배의 열매를 맺게 된다.

축복의 곱셈 vs 재앙의 곱셈

하나님이 주신 말씀을 믿고 순종하면 우리만 복 받는 게 아니다. 우리 자손과 자손의 자손까지 복을 받는데, 그 복의 규모가 기하급수적 곱셈으로 커진다. 자식이 한 명도 없을 때 아브라함은 "너의 씨를 통하여 큰 민족을 이루리라"라는 하나님의 말씀을 믿고 약속의 땅으로 이민 왔다. 아브람에게는 무슨 일을 하든지 하나님이 복을 주셨다. 그리고 앞서 언급했듯이 그의 아들 이삭에게도 그 복은 계속되었다. 이삭의 복은 말씀대로 순종한 자신의 믿음 때문이기도 했지만, 믿음의 아버지 아브라함에게 복을 주시겠다는 하나님의 축복의 곱셈 약속이 이어진 것이라고 보면 된다.

이삭의 아들 야곱도 그랬다. 그가 삼촌 라반의 집에서 종살이할 때부터 하나님께서 엄청난 축복을 주셔서 큰 부를 축척했다. 야곱의 아들 요셉은 당시 세계 최강대국 애굽의 국무총리가 되는 기적 같은 축복을 누렸다. 그리고 요셉의 초청으로 야곱은 열두 아들을 포함한 70여 명의 일족을 거느리고 애굽으로 이민을 갔다. 그 70여 명이 400여 년 뒤에 출애굽할 때는 이백만이 넘는 거대한 민족이 되었다. 무려 2만 배 이상의 성장을 한 것이다.

아브라함의 가문처럼 말씀을 믿고 순종하면 자자손손 놀라운 축복의 곱셈을 누린다. 그러나 말씀을 거역하고 불순종하면 반대로 하나님의 재앙이 그 가계를 타고 흘러간다. 가인은 아벨 한 명을 죽였지만 그 자손 라멕은 엄청나게 많은 사람을 죽였다(라멕은 오히려 그것을 자랑했

다: "가인을 위하여는 벌이 칠 배일진대 라멕을 위하여는 벌이 칠십칠 배이리로다"). 조상이 말씀을 불순종하고 죄의 씨앗을 뿌리면 자손들이 갈수록 비참해진다. 광야에서 음란을 저지르고 우상숭배한 시므온 지파는 갈수록 숫자도 줄어들고 쇠약해졌다. 말씀에 대한 불순종의 결과는 당사자뿐 아니라 세월이 갈수록 그 가문에 엄청난 재앙의 곱셈을 불러온다.

우리가 교육열이 높은 나라이지만, 자녀들을 위한 진짜 중요한 투자가 무엇인가를 생각하라. 그것은 말씀을 믿고 순종하는 부모가 되는 것이다. 미국에서 18세기 사람인 막스 죽스 가문과 조나단 에드워드 가문을 비교한 연구 결과가 유명하다. 막스 죽스는 머리는 좋았지만 예수를 믿지 않았고, 불신자 여자와 결혼하여 부부 사이가 극도로 나빴다. 반면 조나단 에드워드는 예수님을 사랑하는 경건한 목사님으로서 18세기 미국 교회 영적 대각성 운동에 크게 기여한 은혜로운 분이었다. 부인도 하나님을 참 사랑하는 사람이었고, 두 사람은 평생 화목했다.

2백 년 뒤, 이 두 가문의 자손들이 어떻게 되었을까? 막스 죽스의 자손 506명 중에 310명이 거지가 되었고, 150명이 범죄자로 유죄 판결을 받았고, 70명이 살인자가 되었고, 사형당한 사람이 109명이었다. 후손의 3분의 1이 정신병을 앓았으며, 절반 이상이 문맹자로 마약 사범, 알코올 중독, 도박꾼, 범죄자의 길을 걸었다.

반면 조나단 에드워드 가문은 그 두 배가 넘는 1394명의 자손을 얻었는데, 상원의원이 3명, 주지사가 2명, 부통령이 1명, 교수가 65명, 판사가 30명, 변호사가 102명, 의사가 56명, 군 고급 장교가 75명, 선교사가 100명이 넘게 나왔다.

성경은 말한다.

"주 예수를 믿으라 그리하면 너와 네 집이 구원을 받으리라(행 16:31)."

여기서 말하는 '집'은 단순히 현재 우리 가정만을 의미하는 것이 아니다. 복음을 듣고 영접하면 그 파급 효과는 우리의 가정과 후손까지 퍼져나가는 축복의 곱셈이 될 것이다.

썩어질 한 알의 밀알이 필요하다

대부분의 경우, 하나님의 말씀의 씨앗이 뿌려져 영적 곱셈의 열매를 맺으려면 누군가의 희생적 헌신이 필요하다.

> 내가 진실로 진실로 너희에게 이르노니 한 알의 밀이 땅에 떨어져 죽지 아니하면 한 알 그대로 있고 죽으면 많은 열매를 맺느니라 요 12:24

세상 은행은 이자가 매우 적다. 그러나 주님을 위해 헌신할 때 주님께서 하늘에 등재해두신 보증된 이자는 엄청나다. 30배, 60배, 100배의 열매가 있을 것이라고 주님은 말씀하셨다. 말씀이 육신이 되어 오신 예수께서도 십자가에서 돌아가셨다. 그래서 그 보혈의 능력으로 온 인류가 구원받는 길이 열렸다.

그 예수님을 본받아 복음을 위해 자신의 인생을 한 알의 썩는 밀알로 드린 사람들로 인해 복음은 전 세계로 번져갈 수 있었다. 미국 최초의 선교사인 아도니람 저드슨은 19세기 초 미얀마에서 피땀 흘려 복음을 전했다. 정부의 박해로 인한 투옥생활, 열대병과의 사투, 처자식의 사망으로 깊은 좌절을 겪었지만, 6년 만에 첫 개종자를 얻었고 이듬해에 10여 명을 전도할 수 있었다. 겨우 교회 하나를 세울 수 있었을 뿐이지만, 37년을 선교에 헌신한 끝에 그의 말년에는 7천 명이 넘는 성도가 함께 주님을 예배했다고 한다.

그가 세상을 떠난 지 10년 후, 미얀마에는 무려 21만 명의 그리스도인이 세워졌다. 이것이 성령의 곱셈 능력이다. 기도의 사람 저드슨이 감옥에 갇히고 매 맞으면서도 신실하게 전한 복음의 씨앗을, 한 나라를 변화시키는 거대한 운동으로 하나님께서 발전시켜 주셨다.

하나님께서는 우리의 작은 헌신을 곱하셔서 놀랍게 사용하신다. 모세의 보잘것없는 목동의 지팡이는 하나님의 지팡이로 변한 순간부터 홍해를 가르고 이스라엘 백성을 구원하는 기적의 지팡이가 되었다. 지금 내가 가진 것이 보잘것없어 보여도 내 인생에 별로 도움이 될 것 같지 않다며 함부로 던져버리면 안 된다. 잘 준비해놓았다가 하나님과 동행하면, 어느 순간 하나님이 찾아오셔서 그것을 놀랍게 써주실 것이다. 그때 그것이 30배, 60배, 100배의 결실을 맺게 될 것이다.

가장 위대한 곱셈

예수님은 이 땅에 계실 때 책도 쓰시지 않았고 큰 교회도 세우지 않으셨다. 오직 열한 제자에게 모든 것을 쏟아 부으셨고 그들만 남겨놓고 가셨다. 그리고 우리에게도 "모든 민족을 제자로 삼고 세례를 주라"라고 명령하셨다. 자신이 그러셨듯이 우리에게도 오직 사람에게 투자하라고 당부하신 것이다.

주님이 남겨놓으신 그 열한 제자가 오순절 다락방에 모인 120명의 성도로 발전했고, 사도행전 2장에 가서는 3천 명의 성도가 한꺼번에 회심하는 역사가 터졌다. 그리고 70년쯤 뒤인 1세기 말 초대교인의 숫자는 약 5만 명에 이르렀다. 초대교회는 10년마다 40퍼센트의 속도로 근 3백년 동안 성장했다. 그래서 로마제국의 핍박이 끝난 뒤, A.D. 350년에는 무려 3천4백만 명의 크리스천이 세워졌다. 교회가 이단들의 공격과 로마의 핍박과 여러 어려움과 싸우면서도 이처럼 폭발적인 성장세를 보일 수 있었던 것은 사람을 키우는 데 전력투구했기 때문이다.

사도행전에서 하나님께서 복음의 전략적 거점으로 사용하신 곳들을 보면 다 곱셈의 파급효과를 최대로 노릴 수 있는 곳들이었다. 오순절 성령강림 때를 생각해보라. 그때가 오순절 절기였기 때문에, 예루살렘에 전 세계에 흩어졌던 유대인들이 다 모이게 돼 있었다. 바로 그때 성령 체험한 사람들은 복음을 가지고 전 세계로 흩어질 수 있었던 것이다. 이것은 우연의 일치가 아니라 하나님의 정확한 기획이었다. 또한 안디옥, 데살로니가, 에베소, 빌립보 이런 곳들도 모두 당시 교통과 무역의 요충지라고 할 수 있는 도시들이었다. 거기서 복음을 전하면 금방 전 세계로 복음이 번져나갈 수 있는, 한 마디로 폭발적 영적 재생산이 이뤄질 수 있는 곳이었다. 하나님의 움직임 하나하나는 그 때와 장소와 방법이 하나님의 곱셈 효과를 극대화할 수 있게끔 기획되었다.

하나님의 꿈은 항상 '영혼 구원'에 있다. 한 영혼에 그치는 것이 아니라, 그 영혼을 씨앗으로 심어 30배, 60배, 100배의 열매를 기대하신다. 하나님의 그런 꿈을 가슴에 품고 전도하고 선교한 사람, 영혼을 양육한 사람에게 하나님께서는 천국의 명예를 주신다.

> 지혜 있는 자는 궁창의 빛과 같이 빛날 것이요 많은 사람을 옳은 데로 돌아오게 한 자는 별과 같이 영원토록 빛나리라 단 12:3

즉, 사람들을 주님께 인도하고 주님의 말씀으로 양육하며 바로 세우게 되면, 우리 이름을 하늘나라 명예의 전당에 더하실 것이라고 했다. 구원받은 하나님의 백성 가운데서도 영혼 구원과 양육에 헌신한 사람들이 하나님의 스타 리스트에 더해져서 큰 상급을 받게 될 것이다.

사도 바울은 바로 그런 삶을 살아서 하늘나라 스타 중에 한 명이 되었다. 바울의 놀라운 영적 재생산의 비전을 보라.

> 또 네가 많은 증인 앞에서 내게 들은 바를 충성된 사람들에게 부탁하라 그들이 또 다른 사람들을 가르칠 수 있으리라 딤후 2:2

바울은 제자 디모데를 양육했고, 이제 디모데에게도 자기처럼 '충성된 제자들'을 양육할 것을 부탁하고 있다. 그러면 그 사람들이 또 자신들의 제자들을 양육할 수 있을 것이라고 했다. 바울은 벌써 자기 세대에서 디모데 세대, 또 디모데가 가르칠 충성된 사람들, 그들이 가르칠 또 다른 사람들까지 도합 4세대에 달하는 영적 리더십의 연결을 바라보고 있는 것이다. 얼마나 원대한 하나님의 곱셈을 꿈꾸고 있는 사람인가. 벌써 믿음의 손자, 중손자들을 양육할 준비를 하고 있다. 모든 그리스도인은 자기 자신을 두 세대 사이를 잇는 연결고리로 생각해야 한다. 단지 진리를 받은 것으로 그쳐선 안 되며, 그 진리를 계속 전해주어야 한다. 당신이 당신을 대신할 만한 제자를 양육해놓지 않았으면 당신은 아직 그 자리를 떠날 자격이 없는 것이다.

이렇듯 바울은 예수님의 마음을 품은 사람이었다. 예수께서 무지한 뱃사람 베드로를 3천 명을 전도할 수 있는 능력 있는 설교자로 만들어 놓으셨던 것처럼, 하나님의 지도자는 자기가 없어도 하나님의 일이 계속될 수 있도록 다음 세대 제자들을 양육하는 사람이다. 그러므로 그 사람에 대한 제대로 된 평가는 그가 떠난 뒤에 그 사역이 얼마나 건강하게 계속 이어져 나가는지를 보면 된다.

수학에서 곱셈의 반대는 나눗셈이지만, 하나님의 가감승제에서는 다른 논리가 적용된다. 곱셈적 사고의 정반대는 덧셈적 사고다. 덧셈은 2+2+2+…와 같이 현재의 체계에 더 많은 요소를 더해서 확장시키는 것이다. 반면에 곱셈은 2x2x2x… 같이 스스로 새로운 유기체들을 탄생시킬 수 있는 새로운 유기체들을 만드는 것이다. 영적 재생산이 빠른 속도로 끊임없이 일어나게 된다. 핵심은 '영적 재생산'이다. 제자들을 만들 수 있는 리더들을 키워야 한다. 사과나무의 진정한 열매는 사과가 아니라 또 하나의 사과나무임을 기억하라.

주님의 영적 재생산의 열정으로 우리 마음을 가득 채우면 사역의 기술, 전도의 기술은 저절로 길러진다. 문제는 기술 부족이 아니라 열정 부족이다. 《어린왕자》의 작가 생텍쥐페리는 이렇게 말했다.

"사람들로 하여금 배를 만들게 하고 싶다면 배 만드는 조선 매뉴얼을 주지 말라. 나무를 제공하지 마라. 그보다는 끝없이 넓은 바다를 동경하게 만들라!"

바다를 동경하게 되면 어떻게든 나무를 찾고 기술을 익혀서 배를 만들어 바다로 나가고 만다. 열정은 사명을 이룰 길을 뚫어낸다. 우리 마음에 복음의 열정을 채우면 그것은 사명의 하늘로 우리를 날아오르게 하는 헬륨이 된다.

추수 때를 기대하며

말씀의 씨를 뿌리는 농부는 예수님이시다. 농부가 최고로 좋은 땅이라고 믿고 아침 일찍부터 씨를 뿌리며 수고했듯이, 예수님도 우리의 마음 밭이 활짝 열려 있으리라는 바람으로 2천 년 전부터 끊임없이 말씀의 씨를 뿌리셨다.

때로는 가시떨기나 바위 위에 떨어져 열매를 맺지 못한다는 것을 알면서도 포기하지 않으셨다. 배고픈 새들처럼 악한 마귀들이 말씀의 은혜를 앗아가려고 호시탐탐 노리고 있는 것을 알면서도 포기하지 않으셨다. 사실 씨앗이 좋은 땅에 떨어져 건실한 열매를 맺을 확률은 본문의 비유에서 대충 잡아도 4분의 1이다. 그러나 주님은 그 4분의 1의 확률을 너무나 소중히 여기셨다.

항상 말씀을 전해야 하는 설교자로서 나도 주님의 이 지치지 않는 열정을 가슴에 새기고 산다. 설교하려고 강단에 서면 조는 사람도 있고, 딴 짓하는 사람도 있고, 팔짱을 끼고 '무슨 말 하나 보자'라는 심보로 째려보는 사람도 있다. 들을 때는 열심히 듣는 것 같은데 나가서 하는 것 보면 "저 사람, 크리스천 맞아?" 할 정도로 행함이 없는 사람도 있다. 그러나 이런 이유로 낙담하여 설교를 포기하지 않는다. 4분의 1의 좋은 마음 밭을 가진 사람들, 하나님의 말씀을 듣고 살아날 사람들을 보시고 포기하지 않으셨던 우리 주님의 마음으로 다시 일어난다.

한 영혼이라도 하나님의 말씀을 전하라고 맡겨주신 분들이 있는가? 그렇다면 결코 포기하지 말고 하나님의 말씀을 끊임없이 사람들에게 전하자. 신실하게 말씀의 씨를 뿌리면, 하나님께서 듣는 자들의 마음 밭을 좋은 땅으로 만드셔서 놀라운 곱셈의 열매를 맺게 하실 것이다. 그것이 세상 최고의 꿈이다.

하나님의 나눗셈
주는 자가 누리는 복

주라 그리하면 너희에게 줄 것이니 곧 후히 되어 누르고 흔들어 넘치도록 하여 너희에게 안겨주리라 너희가 헤아리는 그 헤아림으로 너희도 헤아림을 도로 받을 것이니라   눅 6:38

흩어 구제하여도 더욱 부하게 되는 일이 있나니 과도히 아껴도 가난하게 될 뿐이니라 구제를 좋아하는 자는 풍족하여질 것이요 남을 윤택하게 하는 자는 자기도 윤택하여지리라   잠 11:24,25

하나님의 뺄셈을 다룰 때,

나는 하나님께서 뺄셈을 통해 덧셈을 하신다는 사실을 강조했다. 하나님이 우리에게서 무언가를 빼실 때, 당장은 섭섭하기도 하고 아프기도 하지만, 궁극적으로는 오히려 우리에게서 해로운 것을 제하시고 새로운 축복을 더해주시기 위한 하나님의 섭리인 것이다.

하나님의 나눗셈에서도 비슷한 원리가 적용된다. 우리는 하나님의 곱셈의 축복을 원하지, 지금 가진 것을 나누라고 하실 때는 뭔가 손해보는 느낌이 든다. 그러나 그렇지 않다. 하나님께서는 나눗셈을 하시면서 궁극적으로는 곱셈을 해주시는 분이다.

궁극적 곱셈인 나눗셈

하나님의 나눗셈을 통한 곱셈의 가장 확실한 성경적 예는 바로 신약성경에 나오는 보리떡 다섯 개와 물고기 두 마리로 오천 명을 먹이신 기적이다. 오병이어의 기적은 나눔의 축복을 상징한다. 인간의 법칙은 나누면 나눌수록 내 것이 줄어드는데, 하나님의 법칙은 나누면 나눌수록 남도 살고 나도 더 잘 살게 된다. 하나님께서 나눔을 통해 곱셈을 하시는 것이다. 믿음의 눈이 있으면 나눗셈을 통해 곱셈이 되는 기적의 미래를 볼 것이고, 그 믿음이 있기에 오늘 머뭇거리지 않고 나눌 것이다.

남자만 오천 명이 넘는 군중이 배고픈 상황이 되었을 때, 주님은 제자들에게 "너희가 먹을 것을 주라"라고 하셨다. 이 말을 듣는 순간, 제자들에게는 멘붕이 왔을 것이다. 당시 제자들은 각기 짝을 지어 단기선교를 다녀왔고, 쉴 틈 없이 온종일 주님을 도와 말씀 사역과 병 고치는 사역을 해서 지칠 대로 지친 상태였다. 그런데 이제는 저 많은 군중에게 밥을 먹이는 일까지 하라는 것이다. 돈이 없기는 군중이나 제자들이나 매한가지였다. 그런데 주님은 왜 이런 엄청난 일을 이 피곤하고 돈도 없는 제자들에게 시키셨을까?

하나님께서 우리에게 나눗셈의 도구가 되라고 하실 때, 우리도 제자들처럼 힘든 상황 앞에 서 있을 때가 많다. 시간도, 돈도, 재능도 부족한데, 그리고 많이 지쳐 있는데 '왜 하나님께서는 굳이 나한테 나누라고 하시나'라는 마음이 불끈불끈 솟을 때가 있다. '나보다 돈 많고 시간 많은 사람들을 다 놔두고 왜 나한테 나누라고 하시나'라는 마음이 드는 것이다.

그러나 예수님이 제자들에게 "너희가 먹을 것을 주라"라고 하신 데는 제자들이 미처 깨닫지 못한 영적 의도가 있으셨다. 그것은 "너희가 이 사람들의 먹을 것을 다 책임져라"라는 말이 아니다. 그것이 제자들 능력 밖의 일임을 주님도 아신다. 군중을 다 먹이는 일은 하나님께서 하실 것이다. 아니, 하나님밖에 못 하신다. 사역하면서 우리는 자꾸 우리가 축복의 생산자가 되어야 한다고 생각하다가 중압감을 느껴 탈진한다. 그러나 축복의 생산자는 주님이시고, 우리는 축복을 흘려보내는 통로일 뿐이다. 주께서 "너희가 먹을 것을 주라"라고 하신 것은 제자들에게 순종함으로써 축복의 통로가 되라고 하신 것이지 축복의 생산자가 되라고 하신 것이 아니다. 제자들은 믿음을 가지고 주님의 손에 쓰임 받도록 순종만 하면 되었다.

제자들은 군중을 해산시켜 각자도생하게 하자고 하면서 그 문제로부터 도망가려 했다. 그러나 주님은 그들이 문제를 직면하게 하셨다. 주님이 "너희가 먹을 것을 주라"라고 하실 때는 "너희는 내 제자들이 아니냐? 이 군중과 달리 너희에게는 믿음이 있지 않으냐? 너희는 나의 사랑을 알고 능력을 안다. 그러니 기도하고 순종해서 나의 능력을 이끌어 내 봐라. 그러면 배고픈 수많은 형제를 먹이는 기적을 체험할 것이고, 네 마음이 기쁠 것이다"라고 하시는 것이다. 나눔의 명령은 부자들이나 힘 있는 자들에게만 주시는 명령이 아니라, 믿음이 있는 자에게 주시는 명령이다. 하나님은 기적을 베푸시기 전에 내 안에 있는 믿음을 도구로 사용하신다.

헌신의 불쏘시개가 필요하다

오병이어의 기적에서 중요한 것은 하나님의 나눗셈에서는 헌신의 불쏘시개가 필요하다는 사실이다. 여기에는 물고기 두 마리와 떡 다섯 개의 도시락을 주께 드린 한 아이가 등장한다. 사실 전능하신 주님은 출애굽한 이스라엘 백성에게 하셨듯이 하늘에서 그냥 만나를 내리게 하실 수도 있다. 효과는 그게 훨씬 더 컸을 것이다. 하나님께서는 우리의 돈 없이도 충분히 하나님의 일을 하실 수 있다. 예수님은 빈손으로도 오천 명을 먹이실 수 있었다. 그러나 굳이 한 아이의 오병이어 도시락을 사용하셨다.

당시 아이가 들고 있던 물고기 두 마리와 보리떡 다섯 개의 도시락은 팔레스타인의 가난한 서민들이 먹던 아주 평범한, 보잘것없는 도시락이었다고 한다. 어떻게 생각하면 가난한 살림에 엄마가 정성껏 싸준 그 도시락을 예수님이 쓰시라고 내미는 그 어린아이를 보면서, 벼룩의 간을 내먹는 듯한 안타까운 심정일 수도 있겠다. 그래서 "애야, 됐다. 어떻게 네 것을 빼앗어 먹겠니?"라면서 돌려주는 게 정상일 수도 있겠다. 그러나 예수님은 굳이 그 가난한 아이의 도시락을 받으셨다.

세상이 말하는 복지는 가진 자들의 것을 나누어 가난한 자를 돕는 것이다. 그러나 하나님의 생각은 다르다. 하나님께서는 물론 가진 자들에게 기쁜 마음으로 가난한 자를 도우라고 명하셨지만, 동시에 가난한 자들도 자신들이 가진 것을 기쁘게 하나님께 드리기 원하셨다. 헌금과 헌신은 예배이기 때문이다. 하나님께서는 돈을 받으신 것이 아니라 먼저 예배를 받으시는 것이다. 하나님께서 많이 가진 자들의 예배만 받으시고, 적게 가진 자들의 예배를 받지 않으시면 기분이 어떻겠는가. 그래서 가난한 자들의 헌신도 꼭 받으신다.

헌금과 헌신이 예배임을 아는 것이 중요한데, 이는 하나님의 나눗셈은 세상이 말하는 구제와 다르기 때문이다. 세상의 구제는 사람이 사람에게 베푸는 것이다. 이럴 경우, 자칫 잘못하면 주는 쪽은 우월감을 느끼기 쉽고, 받는 쪽은 비참한 기분을 느끼기 쉽다. 그러나 하나님의 나눗셈은 전혀 다른 방식으로 작용한다. 우리가 형제에게 나눠주는 것이 아니라, 우리가 먼저 주께 드린 것을 주님이 나눠주시는 것이다. 하나님의 나눗셈에는 축복의 씨앗이 필요하다고 했는데, 그 씨앗은 사람이 사람에게 주는 것이 아니라 사람이 먼저 하나님께 예배하는 마음으로 드리는 것이다. 그것을 주님이 받으셔서 은총의 터치로 30배, 60배, 100배의 곱셈을 해서 사람들에게 나눠주신다. 하나님의 나눗셈은 예배로 시작되는 나눔이다.

하나님은 우리를 통해 일하기를 기뻐하신다. 다른 방법도 있지만 우리의 작은 헌신을 씨앗으로 사용하셔서 일하기 원하신다. 그 과정에서 우리에게도 하나님의 마음을 느끼게 하신다. 나누고 베푸시는 하나님의 마음을 느낄 때 우리는 세상 그 무엇도 줄 수 없는 하늘의 기쁨을 경험한다. 하나님은 우리가 그 기쁨을 누리기를 원하신다.

만약 오병이어의 도시락이 있었던 그 아이가 자기 도시락을 혼자 다 먹어버렸다면 자기 혼자 배부르고 나머지는 모두 굶주렸을 것이다. 그러나 주께 그 작은 도시락을 드렸을 때, 그것은 오천 명의 배를 불리는 축복의 씨앗이 되었다. 우리가 내는 작은 헌금, 작은 헌신이 무슨 의미가 있겠느냐고 생각지 말라. 하나님께서 그 작은 헌신을 쓰셔서 나라와 민족을 살리고 열방을 변화시키실 것이다. 하나님께서는 가진 자를 통해서 일하시는 게 아니라, 드리는 자를 통해서 일하신다. 과부의 엽전 두 푼이라 할지라도 믿음으로 드린 것은 하나님의 손에서 기적 같은 30배, 60배, 100배의 곱셈으로 열매 맺게 된다.

드리는 자로 서는 복

많은 것을 가졌다고 자랑하지 말라. 적게 가졌어도 기쁘게 드리는 자가 하나님의 축복의 씨앗이 된다. 아무리 재주가 많아도 하나님께 기쁘게 드리지 않으면, 그는 결코 하나님의 놀라운 기적의 손길을 체험하지 못할 것이다. 하나님께서 나를 통해 역사하시기 원한다면 작은 재주라도, 작은 물질이라도 기쁘게 드려야 한다. 드리지 않은 것을 주님이 쓰실 수 없다.

하나님은 많은 양보다 정성을 더 중요하게 생각하신다. 수많은 말보다 한 가지 행동을 더 중요하게 보신다. 우리는 가진 것이 없어서 주님이 시키신 일을 못 한다고 절대 말하지 말아야 한다.

당신에게 있는 볼품없는 오병이어라도 주께 언제든 믿음으로 최선을 다해 드려보라. 그러면 그것이 하나님의 나눗셈의 도구가 되어 축복의 씨앗으로 놀랍게 사용되는 것을 경험하게 될 것이다. 그리고 그것을 경험하고 나면 우리의 인생은 완전히 변화될 것이다.

하나님의 축복의 문은 누구에게나 활짝 열려 있다. 주님은 하늘 창고를 여시고 사랑하는 자녀들에게 풍성하게 쏟아주길 원하신다. 그러나 너무나 많은 경우 인간이 인색한 이기주의로 문을 닫아놓고, 교만으로 문을 닫아놓고 있다. 이런 식으로 하나님의 나눗셈의 도구가 되기를 거부한다면, 그래서 축복의 그릇을 엎어놓고 있다면 어찌 하나님의 역사가 이뤄질 수 있겠는가. 하나님께서는 하나님의 백성이 인색한 마음을 품고 나누지 않으려 하는 것에 대한 분명한 영적 책임을 물을 것이라고 경고하셨다.

> 삼가 너는 마음에 악한 생각을 품지 말라 곧 이르기를 일곱째 해 면제년이 가까이 왔다 하고 네 궁핍한 형제를 악한 눈으로 바라보며 아무것도 주지 아니하면 그가 너를 여호와께 호소하리니 그것이 네게 죄가 되리라 신 15:9

잠언에도 이런 말씀이 있다.

> 가난한 자를 조롱하는 자는 그를 지으신 주를 멸시하는 자요 사람의 재앙을 기뻐하는 자는 형벌을 면하지 못할 자니라 잠 17:5

청교도 조상을 가진 미국은 항상 하나님의 마음으로 가난한 자들을 도와주던 따뜻한 마음의 나라였다. 그런데 최근 자국 우선주의 정치에 의해 너무 인색한 나라가 되어버렸다. 부강한 미국의 축복은 하나님을 잘 믿고 하나님의 마음을 품고 전 세계의 가난한 사람들에게 나눠줄 때 하나님이 주신 곱셈의 축복이었는데, 이렇게 인색하게 굴기 시작하여 하나님의 축복의 창고가 닫혀버릴까 염려된다.

성공한 사람들이나 조직이 항상 받는 유혹은 뭐든지 독점하고 혼자 누리려 하는 것이다. 그러나 이것은 장기적으로 볼 때 오히려 자신에게 독이 된다. 1990년대 중반에 마이크로소프트사는 엔카르타(Encarta)라는 이름의 디지털 멀티미디어 백과사전을 제작해서 세상에 내놓았다. 엄청난 예산과 수많은 전문가를 투입해서 대박 인기를 예측하며 세상에 내놓았다. 그러나 지금 엔카르타는 존재하지 않는다. 불과 몇 년 후에 자본도, 전문가도 없이 그저 재미 삼아 수많은 네티즌이 온라인상에서 만든 백과사전인 위키피디아(Wikipedia)에 무참히 무너졌기 때문이다. 위키피디아는 수많은 이용자가 공짜로 자기 지식을 나누고 서로 보완해 가며 만든 작품이다. 나누는 자가 독점하는 자보다 강하다는 것을 위키피디아가 보여주었다.

어려운 시기를 지날 때 무조건 꽁꽁 창고 문을 닫아걸고 아무도 돕지 않고 나만 살겠다고 하는 것은 오히려 상황을 더 악화시킬 뿐이다. 잠언 11장 24절 말씀처럼 과도히 아껴도 가난하게 될 뿐이다. 돈도, 지식도, 사람도, 기술도 독점하지 말고 계속 나누어야 한다. 흘러가게 해야 한다. 흘러보내지 않는 사해의 물이 썩듯이, 독점하면 좋을 것 같지만 오히려 죽는다. 인색한 마음을 버리고 하나님께서 주시는 넉넉함으로 나눗셈을 실천하자.

누군가에게 응답이 되는 은혜

신명기 14장에 보면 구제의 대상을 구체적으로 '레위인과 나그네와 고아와 과부들'이라고 자세히 명시한다. 이들을 항상 따뜻하게 섬기면 하나님께서 우리가 하는 일에 복을 주겠다고 약속하셨다.

> 너는 반드시 그(궁핍한 형제)에게 줄 것이요, 줄 때에는 아끼는 마음을 품지 말 것이니라 이로 말미암아 네 하나님 여호와께서 네가 하는 모든 일과 네 손이 닿는 모든 일에 네게 복을 주시리라 신 15:10

어느 정도의 복을 주시는가?

> 주라 그리하면 너희에게 줄 것이니 곧 후히 되어 누르고 흔들어 넘치도록 하여 너희에게 안겨 주리라 눅 6:38

성경에서 이렇게 확실하게 하나님의 복을 받는 길을 약속하신 말씀이 몇 안 된다. 우리는 축복을 바란다. 그러나 우리 자신이 누군가에게 하나님의 축복의 통로가 될 수도 있다. 우리는 기도 응답을 바란다. 하지만 우리 자신이 누군가에게 하나님의 기도 응답이 되어 줄 수 있다. 우리가 하나님의 나눗셈의 도구가 되는 것이 그렇다. 나누는 과정에서 우리 자신이 오히려 하나님의 곱셈의 축복을 받아 누린다. 그리고 그 축복은 단순히 물질적인 것만은 아니다.

신명기 24장 말씀에 보면 추수할 때 밭에서 곡식을 베거나 감람나무 열매를 따거나 포도원의 포도를 딸 때, 미처 따지 못하거나 흘리는 곡식이나 열매들이 있다. 하나님께서는 그것을 악착같이 다시 가서 주워오지 말고 모른 척 남겨두라고 하신다. 그러면 항상 굶주린 배를 움켜쥐고 사방을 돌아다니며 음식을 찾는 가난한 이방인 객과 고아와 과부들이 그 곡식과 열매들을 먹을 수 있다는 것이다. 이것은 가난한 약자들의 최소한의 자존심을 세워주기 위함이었다. 실수로 흘린 것처럼 곡식과 과일들을 조금 흘려 남겨두면, 밤에 아무도 보지 않을 때 이들이 와서 마음 편히 주워갈 수 있다는 것이다.

구약성경 룻기에 보면 이방 땅에서 돌아온 나오미와 며느리 룻이 보아스를 처음 만나게 된 것도 이런 배려 깊은 구제를 통해서였다. 보아스의 밭에서 일꾼들이 추수할 때 가난한 과부 룻은 떨어진 이삭을 줍고 있었다. 이를 본 보아스가 일꾼들에게 명하여 일부러 보리 이삭을 많이 흘려서 주워가게 했다. 이것이 인연이 되어 보아스와 룻이 결혼하게 된다. 그리고 그 자손에서 다윗이 태어났고, 또 그 후손에서 예수 그리스도가 태어나셨다.

보아스는 평소 하나님의 나눗셈을 습관처럼 실천하다가 하나님의 구원 역사에 놀랍게 쓰임 받게 되었다. 우리가 하나님의 마음을 품고 늘 이웃에게 축복을 흘려보내는 삶을 살면 어느 순간 우리와 우리 가문에 예수님이 역사하시는 것을 느끼게 될 것이다.

보아스의 아내 룻도 마찬가지다. 가난하고 연약한 시어머니 나오미를 섬김으로써 자기 자신이 하나님의 풍성한 축복을 누리게 되었다. 은혜로운 남편 보아스를 만나게 되었고, 다윗과 예수 그리스도의 선조가 되었다. 그야말로 "남을 윤택하게 하는 자는 자기도 윤택하여지리라"(잠 11:25)라는 말씀이 실현된 인생이다.

위기의 순간에 주어지는 보너스 은혜

하나님께서 가난하고 연약한 이웃들을 돕는 사람에게 주신 특별한 보너스 축복이 하나 더 있다.

> 가난한 자를 보살피는 자에게 복이 있음이여 재앙의 날에 여호와께서 그를 건지시리로다 여호와께서 그를 지키사 살게 하시리니 그가 이 세상에서 복을 받을 것이라 주여 그를 그 원수들의 뜻에 맡기지 마소서 여호와께서 그를 병상에서 붙드시고 그가 누워 있을 때마다 그의 병을 고쳐주시나이다 시 41:1-3

누구나 인생을 살다 보면 '이젠 끝이다' 싶을 정도로 절망적인 위기의 순간이 오는데, 가난한 자를 보살핀 자에게는 하나님께서 그 위기의 때에 건져주신다는 것이다. 힘든 병에서도 치유해주신다고 하신다.

정말 너무나 놀라운 축복의 말씀이 아닌가! 그런데 이 말씀은 정말 신실한 말씀이다. 개인적으로, 교회적으로 우리는 항상 가난하고 약한 사람들, 교회들을 돌봐야 한다. 그러면 하나님께서 위기와 시련의 때에 특별한 구원을 베푸신다. 꼼짝없이 죽게 된 위기에서 우리를 극적으로 보호하시고 오히려 살려주실 것이다. 따라서 처음엔 우리가 그들을 돕는 것 같지만, 실은 그들이 우리를 돕게 되는 것이다. 하나님은 빚지지 않으신다. 하나님이 마음을 주실 때 기쁘게 나누는 것이 어쩌면 우리에게 닥친 위기를 돌파할 수 있는 열쇠일지도 모른다.

나는 너무나 힘든 현실의 위기에 부딪힌 분들에게 겸손히 하나님 앞에 신중히 서원 기도를 써볼 것을 권할 때가 있다. 몇 년 전 교회가 너무 힘든 위기를 지날 때, 나는 하나님 앞에 피눈물 나게 기도하며 엎드리면서 이 위기를 넘겨주시면 이렇게 달라진 목회를 하겠다고 하면서 열 가지 정도의 서원 기도를 썼다. 그때 가장 중요한 약속 중의 하나가 바로 "가난하고 외롭고 병들고 힘든 분들이나 단체를 내 온 힘을 다해 돕는 목회를 하겠다"라는 것이었다. 전에도 그 일을 안 해온 것은 아니었지만, 앞으로는 정말 내 인생과 목회 핵심 패러다임으로 실천하겠다는 결심이었다. 하나님께서는 그 기도를 기쁘게 받아주셨고, 짧은 시간 내에 위기를 극복하게 해주셨다. 그 후로 하나님과의 약속을 지키기 위해 최선을 다하고 있는데, 내가 돕는 것보다 더 큰 축복을 하나님께서 내게 베풀어주심을 느낀다.

내가 아는 기업인 한 분도 몇 년 전, 정말 사면초가의 사업적 위기를 지나던 분이 계셨다. 그 분과 식사하며 상담하다가 나는 문득 성령의 감동으로 서원 기도를 하나님 앞에서 조심스럽게 써볼 것을 그 분에게도 권하게 되었는데, 특히 가난하고 병들고 외로운 이들을 돕는 삶을 살겠다는 서원을 권했다. 그 분은 좋은 분이었지만 그런 쪽으로는 전혀 생각을 못 하고 살아왔다며 눈시울을 붉혔고, 꼭 그렇게 하겠다고 했다. 그렇게 서원 기도를 하고 그대로 실천하기 시작한 지 얼마 안 되어 하나님께서 그 분의 위기도 기적같이 돌파하게 도와주셨다.

힘든 때에 오히려 내가 하나님께 받을 것만 생각하는 것이 아니라 드릴 것을 생각해보라. 우리는 가진 게 없다고 생각하지만, 하나님께 완전히 드리지 않은 오병이어들이 있다. 이것을 하나님께서 쓰시라고 온전히 드릴 때 그것이 기적 같은 반전의 시작이 될 수 있다.

나눌 수 있는 것을 찾아보라

오래전 세상을 떠난 20세기 최고의 기독교 지성 중에 하나로 꼽히는 헨리 나우웬에 대해서 지인들은 이렇게 말한다.

"그는 누구와 만나든지 그 사람에게 100퍼센트 집중해주었습니다. 아무리 볼품없어 보이는 사람도 귀찮은 듯이 대충대충 함부로 대하지 않았습니다. 그는 항상 자기 앞에 있는 사람이 세상에서 가장 멋지고 흥미로운 사람인 것처럼 대했습니다. 항상 다른 사람에게 자신의 전부를 주었습니다."

우리 교회가 꾸준히 진행하는 프로그램 중에 미자립교회가 자립교회가 될 수 있도록 도와주는 프로그램이 있다. 그 일환으로 나는 미자립교회 목사님들과 두 달에 한 번 정도 만나서 하루 반나절 넘게 깊이 교제하며 필요한 멘토링을 한다. 그 시간에는 오롯이 그 분들에게만 집중한다. 단순히 그렇게만 해도 그 분들이 너무 감격하고 고마워한다. 그 분들과 함께하고 돌아올 때는 성령님이 얼마나 내 마음에 칭찬과 격려를 해주시는지 모른다. 시간과 정성의 나눗셈도 하나님이 참으로 기뻐하시는 일이다.

우리가 가장 하나님을 닮은 때는 형제에게 하나님의 나눗셈을 실천할 때이다. 가난하고 병들고 외로운 이웃을 돌봐줄 때이다. 어떤 힘든 형제의 눈물을 닦아줄 때이다.

주위 사람들의 아픔에 당신은 얼마나 민감한가? 자기 아픔에만 민감하지 말고 주변 사람의 아픔에도 민감해져 보라. 하나님이 기뻐하실 것이다. 남을 함부로 판단하지 말고, 이해해주고 도와주려고 하라. 기적을 바라기 전에 내가 누군가에게 기적이 되어주려고 해보라. 기도 응답을 구하기 전에 당신이 누군가의 기도 응답이 되어주라. 어디를 가든지 하나님의 선하심을 흘려보내도록 하라. 하나님은 그런 당신을 축복하실 것이다.

특권에는 책임도 따른다

'하나님의 나눗셈'이라는 주제를 다루면서 또 한 가지 생각해볼 것은 하나님께서 하나님 백성의 기업도 나눠주신다는 사실이다. 약속의 땅 정복 이후, 하나님은 열두 지파에게 땅을 나눠주셨다. 이때 무엇보다 각 지파 인구수대로 땅을 분배하셨다. 이렇듯 하나님이 기업을 나눠주실 때, 이는 특권이기 전에 감당해야 할 책임이다.

예수님은 많이 받은 자에게는 많이 요구할 것이라고 하셨다(눅 12:48). 특권이 크면 책임도 크다. 하나님께서 우리에게 경영할 기업을 나눠주실 때 우리는 막중한 책임감을 느껴야 한다. 훗날 하나님께서 "네게 맡긴

기업을 신실하게 잘 경영했느냐?"라고 물으실 때 "예, 최선을 다해서 잘 경영했습니다"라고 대답할 수 있어야 한다. 그러니 괜히 감당하지도 못할 큰 땅을 욕심내선 안 될 일이다. 하나님은 남보다 더 많은 축복을 나눠주실 때, 우리가 그것으로 남보다 더 많은 헌신의 삶을 살기를 기대하신다. 넓은 땅을 받아놓고 제대로 그 땅을 가꾸고 지키지 못한 지파들은 모두 처참하게 그 땅에서 밀려나고 만다.

그러므로 욕심을 부려서 억지로 기업을 나눠 달라고 무리수를 둬선 안 된다. 누가복음에 나오는 돌아온 탕자가 바로 그런 경우다. 그는 아버지가 아직 살아 계심에도 자기 몫의 유산을 요구하여 받아냈다. 아버지의 유산은 기업으로 일궈야 할 땅이었다. 그가 정상적인 인간이라면 여기서 농사를 짓거나 가축을 길러서 그 기업을 경영했어야 했다. 그러나 탕자는 아버지의 기업을 경영해야 할 책임으로 보지 않고, 특권(돈)으로만 보았다. 짧은 시간 내에 급매해서 타지로 횅하니 도주했다. 그러나 한 번도 자기 힘으로 돈을 벌어보지 못한 철부지 청년의 손에 쥐어진 돈은 너무나 빠르고 허망하게 사라져버렸다. 돈이 떨어지면서 그의 인생은 재앙의 구렁텅이로 곤두박질쳤다. 앞에서도 말했듯이, 하나님이 우리에게 무엇인가를 나눠주실 때 그것은 특권이기 전에 사명이요, 책임이다. 이 사실을 무시하면 나눠 받은 기업도 망하고, 자신의 인생도 망할 것이다.

하나님께서 이스라엘 열두 지파 그 누구도 약속의 땅 전체를 독점하지 못하게 하시고, 각자에게 맞는 기업을 분배해주신 것은 각 지파에게 원하시는 사명이 있었기 때문이다. 온순하고 성실한 아셀과 납달리는 열심히 농사를 지어 다른 형제들의 양식을 공급하기 원하셨고, 상재가 남다른 스불론은 장사를 잘해서 형제들의 삶을 풍성하게 하기 원하셨고, 전투력이 뛰어난 단이나 므낫세는 국경 지역에서 외세의 침입으로부터 형제들을 지키기 원하셨다. 하나님은 열두 지파 각자에게 주신 사명이 따로 있으셔서 기업을 나눠주신 것이다. 하나님의 나눗셈에는 이렇게 깊은 뜻이 있다.

함께 지는 짐은 가볍다

하나님은 하나님의 자녀들이 각자 개인의 인생을 경영할 때도 혼자 모든 일을 독점하지 않고 함께 팀워크로 나눠서 하길 기대하신다. 출애굽기 18장에 보면 하나님께서 격무에 시달린 모세의 인생을 장인 이드로를 통해 바로잡아 주시는 장면이 나온다.

당시 애굽에서 탈출한지 이제 두 달밖에 안 된 이스라엘은 아직까지 모든 행정 체제가 조직화되지 않은 상태였다. 그래서 다들 모세 얼굴만 보고 있었다. 따라서 당시에는 모든 사소한 소송까지도 모세가 직접 처리해야만 했다. 2백만이 넘는 이스라엘 백성 사이에서 일어나는 크고 작은 분쟁과 소송들이 얼마나 많았을까. 아침부터 저녁까지 모세 사무실 앞에 백성이 재판받으려고 줄을 설 정도로, 이스라엘 백성의 소송 문제가 산더미같이 쌓였다.

모세는 이스라엘 백성 사이에서 발생하는 지극히 사소한 문제까지도 귀찮아하지 않고 본인이 직접 해결하는 자상함을 보였다. 정말 성실한 사람이었다. 그러나 그의 업무 처리 방법은 너무 비능률적이었다. 모세는 '사람들이 끝없이 내게로 오고, 나밖에는 이 일을 할 사람이 없어서 할 수 없다'라고 생각했다. 모세는 온유하고 성실했던 사람이고, 책임감이 강했다. 그는 정말 최선을 다하고 있었다.

우리도 너무 무리한 일정에 눌려 지내면서도 '이건 어쩔 수 없는 일이다. 나는 최선을 다하고 있다'라며 자기 합리화에 들어가곤 한다. 그러나 최선을 다하는 것만으로는 부족하다. 하나님이 주시는 지혜로 일해야 한다. 아무리 불철주야 열심히 일한다 해도 혼자서 2백만 백성의 모든 문제를 다 해결해줄 수는 없다.

하나님께서는 이때 전격적으로 개입하셨다. 장인 이드로를 통해서 모세로 하여금 '천부장, 백부장, 오십부장, 십부장들'을 세우게 하셨다. 천부장은 자기 수하의 천 명 전체를 직접 관리할 필요 없이 백부장 열 명만 관리하면 되고, 백부장도 열 명의 십부장만 관리하면 되는 시스템이다. 이로써 이스라엘은 모세 혼자서 모든 업무를 처리하여 온종일 혹은 며칠씩 기다려야 했던 때와는 달리 모든 현안을 신속하게 처리할 수 있었다. 세계를 제패한 로마군이나 징기스칸의 몽고군도 이 행정 체제를 뛰어나게 활용했다고 한다. 이것은 오늘날 모든 현대 군사조직 체제(소대, 중대, 대대, 연대, 사단)의 시초가 되었으며, 많은 대기업과 정부 조직에도 적용된 뛰어난 행정 시스템이다.

일이 많아질수록 우리는 자기 일정에 가지치기를 해야 한다. 함께 팀으로 일할 수 있는 사람들을 세워서 동역해야 한다. 예수님은 "내 멍에는 쉽고 내 짐은 가벼움이라"라고 하셨다(마 11:30). 이드로를 통해 모세에게 주신 하나님의 지혜는 바로 하나님의 방식대로 70명의 동역자들과 팀워크로 나눠서 일하면 그 일이 쉽고 가벼워질 것이라는 의미였다.

새로운교회에는 15명의 부목사님과 13명의 전도사님이 계신다. 나는 그분들에게 목회의 많은 부분을 위임하며 함께 팀 사역을 하고 있다. 내건강에 한계가 있고, 또 다음 세대 목회자 리더십을 현장 경험을 통해 양성하고 싶은 마음을 하나님께서 주셔서 기쁜 마음으로 동역하고 있다. 이 외에도 장로님들과 300명의 순장님과 각 사역의 팀장님이 계셔서 얼마나 헌신적으로 팀워크를 이루는지 모른다. 이 팀워크로 4천5백 명에 달하는 성도들이 지금도 은혜 충만하게 신앙생활하며 교회가 성장하고 있는 줄 믿는다.

하나님께서는 아무리 뛰어난 사람이라 해도 혼자서 하나님의 일을 독점하지 않게 하신다. 모세가 그 시대에 감당해야 할 일이 있었고, 여호수아가 그 뒤를 이어 감당해야 할 일이 있었다. 모세가 한 일을 여호수아는 인정해야 했고, 여호수아가 할 일을 모세가 터치할 수 없었다. 사도행전에도 보면 같은 목사라도 베드로와 바울에게 주신 사명이 달랐고, 같은 집사라도 스데반과 빌립에게 준 사명이 달랐다. 하나님은 그렇게 사람마다 사역을 나눠주심으로써 함께 합력하여 선을 이루는 축복의 곱셈을 이루게 하셨다.

하나님은 나눗셈을 통해 곱셈의 축복을 하신다. 나는 남을 돕기 위해 흘려보낸 것인데, 그 과정에서 하나님은 내가 흘려보낸 것보다 갑절의 축복을 누리게 하신다. 이 원칙이 가장 놀랍게 적용되는 때는 바로 우리가 은혜를 나누는 때라고 생각한다.

가장 위대한 나눗셈

은혜를 나누는 길은 첫째, 예수 안 믿는 사람에게 전도하고 선교하는 것이다. 오순절 성령 강림을 체험한 120명의 성도들은 누가 시키지도 않았는데 뛰쳐나가서 사람들에게 하나님의 놀라운 일을 전했다. 우리가 받은 은혜가 진짜라면 우리는 그것을 전하지 않고는 견딜 수가 없게 된다. 초대교회 모든 성도는 전도자였고 선교사였다. 자기 동네에서, 직장에서, 여행지에서 쉬지 않고 복음을 전했다. 전도하고 선교해본 사람은 알겠지만, 복음을 전하면 전할수록 내 안에 믿음이 더욱 뜨거워진다. 하나님의 임재를 정말 강렬하게 느끼게 된다.

은혜를 나누는 또 하나의 길은 양육이다. 믿음이 연약한 하나님의 자녀들을 말씀과 기도로 세워주는 것이다. 새로운교회에서도 많은 분들이 다른 성도들을 헌신적으로 양육하고 계신다. 하나님이 가장 기뻐하시는 나눗셈을 실천하고 계신 분들이다. 하나님께서 그 분들의 수고를 헤아리시고 하늘의 별처럼 귀히 여기실 것이다.

특히, 은혜의 나눗셈을 하게 되면 그 자신이 가장 큰 은혜를 받게 된다. 마태복음 28장에서 부활하신 주님께서는 제자들에게 이렇게 말씀하신다.

그러므로 너희는 가서 모든 민족을 제자로 삼아 아버지와 아들과 성령의 이름으로 세례를 베풀고 내가 너희에게 분부한 모든 것을 가르쳐 지키게 하라 볼지어다 내가 세상 끝 날까지 너희와 항상 함께 있으리라 하시니라 마 28:19,20

하나님이 멀리 느껴진다면 제자를 만드는 일에 헌신해보라. 말씀과 기도로 한 영혼을 양육하는 데 시간을 써보라. 그 어느 때보다 주님이 가깝고 강렬하게 당신과 동행하시는 것을 느끼게 될 것이다.

나는 항상 설교하고 성도들을 위해 기도해주는 목회자로써 누구보다 이 사실을 잘 안다. 그렇게 혼신의 힘을 다해 받은 말씀을 나누고 기도를 쏟아내면 지칠 것 같지만, 오히려 그렇게 함으로써 내가 더 큰 은혜를 받고 살아나게 된다. 오히려 목회지가 없어 설교를 못 하고 있는 목사님들이 더 영적으로 다운되어 있는 것을 주위에서 본다.

은혜를 나눌수록 내가 살고 교회가 산다. 아낌없이 받은 은혜를 나누는 개인도 복을 받지만 그렇게 나누는 교회도 엄청난 복을 누린다. 온 힘을 다해 전도하고 선교하는 교회, 모든 목회자와 성도가 쉬지 않고 서로를 위해 기도하고 말씀을 배우고 가르치는 교회가 부흥하지 않는 것을 보았는가? 은혜는 나누면 나눌수록 우리 자신을 살리고 교회를 살린다.

주라 그리하면 너희에게 줄 것이니 곧 후히 되어 누르고 흔들어 넘치도록 하여 너희에게 안겨주리라 눅 6:38

이 약속이 가장 확실하게 이뤄지는 때는 은혜를 나눌 때 우리가 받는 영적 축복일 것이다.

하나님의 문장부호

GOD'S
MANAGEMENT

2

PART

하나님의 쉼표
아직 끝나지 않은 게임

천지와 만물이 다 이루어지니라 하나님이 그가 하시던 일을
일곱째 날에 마치시니 그가 하시던 모든 일을 그치고 일곱째
날에 안식하시니라 하나님이 그 일곱째 날을 복되게 하사 거
룩하게 하셨으니 이는 하나님이 그 창조하시며 만드시던 모
든 일을 마치시고 그날에 안식하셨음이니라   창 2:1-3

남자들은 대부분 액션영화를 좋아한다. 말 그대로 계속해서 액션, 즉 무언가를 계속 하고 있기 때문이다. 일 중심적인 사람들은 뭔가 하고 있지 않으면 불안하다. 성경을 볼 때도 우리는 하나님이 무엇을 하시는 것에 집중한다. 하나님이 홍해를 가르시고, 병자를 고치시며, 만나를 내리시고, 여리고를 무너뜨리시는 장면들에 환호한다. 물론, 우리는 하나님이 행하신 위대한 일을 찬양함이 마땅하다. 그러나 하나님이 역사를 경영하실 때는 늘 액션만 있는 게 아니다. 하나님이 쉼표를 찍으실 때도 우리가 보지 못하는 놀라운 하나님의 역사가 이루어진다.

창조의 완성, 승리자의 축제

하나님께서는 일곱째 날에 "그가 하시던 모든 일을 그치고"라고 했다. 여기서 '그가 하시던 모든 일'이라 함은 천지창조의 역사를 가리키는데, 이 일이 일곱째 날로 들어섰을 때 비로소 완전히 끝났다는 뜻이다. 그러니까 엄밀히 따지면 일곱째 날의 안식도 하나님의 천지창조 안에 포함된다. 결국 이 일곱째 날의 안식이 있음으로써 하나님의 천지창조가 완성되었다고 봐야 한다.

책을 볼 때는 띄어쓰기가 중요하다. 글자와 글자 사이, 문단과 문단 사이, 장과 장 사이에 아무런 여백 없이 글자만 빽빽하게 차 있으면 읽을 엄두도 나지 않을 것이다. 중간중간 여백이 있어야 책이 완성된다. 음악도 그렇다. 모차르트는 "음악은 음표 안에 있지 않고 음표와 음표 사이에 존재하는 침묵 안에 있다"라고 했다. 아무리 콘텐츠가 좋아도 그것들이 중간의 쉼표 없이 빽빽하게 붙어 있다면 너무나 피곤한 일이다. 그래서 천지창조도 하나님의 엿새 동안의 창조의 역사와 함께 칠일 째의 안식으로 완성된 것이다. 이 일곱째 날의 안식이야말로 하나님이 우리에게 주신 쉼표의 축복이다.

"그가 하시던 모든 일을 그치고 일곱째 날에 안식하시니라"에서 '안식하다'라는 말은 히브리어로 '샤바트'이다. 이 단어는 '지쳐서 더 이상 못하겠다'라며 털썩 주저앉는 상태가 아니다. 하나님께서 천지를 창조하신 뒤에 '여기를 좀 더 잘 할 수 있었는데, 시간이 없고 예산이 부족해서 더 못했다'라는 아쉬움이나 패배감을 가지고 중단하셨는가? 그렇지 않다.

하나님의 쉼표, 하나님의 샤바트 안식은 모든 일을 뜻과 계획대로 다 마친 뒤 기쁨과 평화, 충만한 만족감 가운데 휴식을 취하는 상태를 의미한다. 하나님께서는 완전하고 충만한 천지창조를 이루셨고, 기쁨에 가득 차서 쉬신 것이다. 패배자가 털썩 쓰러진 것이 아니라 승리자의 여유 있는 축제인 것이다. 하나님의 안식은 자신이 그동안 땀 흘려 이루어놓으신 것들을 자랑스럽게 돌아보며 기뻐하신 시간이다.

엿새 동안의 천지창조 중간중간에도 하나님께서는 일을 멈추고 자신의 창조물을 돌아보는 작은 쉼표들을 찍으셨다. 창세기 1장을 보면 중간중간에 "보시기에 좋았더라"라는 말이 나온다. 그것은 하나님께서 엿새 동안도 계속해서 불도저처럼 쉬지 않고 작업하신 것이 아님을 말해 준다. 하나님께서는 중간에 계속해서 쉼표를 찍어가며 일하셨다. 그 시간은 단순히 피곤해서 쉬신 시간이 아니라, 자신의 창조물을 감상하시며 기뻐하시는 작은 축제와도 같은 시간이었다. 이때마다 천군천사들도 함께 창조주 하나님의 창조 역사를 찬양하는 시간에 참여했을 것이다.

우리의 삶에도 아주 작은 성과도 그냥 지나가지 않고 멈추어 서서 감사하고 함께 기뻐하는 축제의 쉼표들이 필요하다. 개인적으로도 그렇고, 함께 일하는 직장 동료들끼리도 그렇고, 교회 성도들끼리도 그렇다. 꼭 명문대나 대기업에 들어가서가 아니요, 큰돈을 벌어서도 아니다. 하나님의 은혜로 하루를 아무 사고 없이 보내고, 가족 모두가 자기 삶의 현장에서 최선을 다한 후에 저녁상에 함께 둘러앉았다면 그것은 그날의 축제를 벌일 만한 일이다.

자기 자신에게, 또 가족 구성원들에게도 자주 박수를 쳐주라. 우리를 통해 역사하신 하나님께 최대한 자주 감사를 표현하라. 나는 매주일 네 번씩 설교하는 것이 힘들긴 하지만, 은혜 받고 돌아가는 성도들을 보면 저녁에 집으로 돌아와 아내와 함께 식사할 때마다 수고한 나 자신에게 박수를 치고, 나 같은 죄인을 사용하신 하나님께 찬양을 드린다.

최선을 다한 자에게 주어지는 은혜

칠일 째의 하나님의 쉼표를 논하기 전에 우리는 먼저 하나님께서 엿새 동안 얼마나 열심히 천지를 창조하셨는지를 알아야 한다. "천지와 만물이 다 이루어지니라"라는 말에서 '만물'로 번역된 히브리어는 전쟁을 위해 잘 조직된 집단을 뜻한다. 즉, 천지만물이 아주 체계적이고 질서정연하게 잘 배열되었음을 말해준다.

하나님께서는 정말 주도면밀하게 풍성한 세상을 만드셨다. 하나님의 쉼표는 아무것도 하지 않고 시간만 낭비하는 게으른 자에게 해당되는 말이 아니다. 창조주 하나님처럼 엿새 동안 최선을 다해 일한 사람들에게 주어지는 은혜다.

이렇게 신실하게 노력한 사람들이 안식하는 동안에는 하나님이 일하시기 시작한다. 하나님의 쉼표를 따라 안식할 때 우리는 그 시간 동안 인생이 퇴보하거나 정지할 거라고 생각한다. 그러나 그렇지 않다. 농부가 농사를 지을 때 농작물 옆에 계속 붙어 있어야 그 곡식이 제대로 열매 맺는 것이 아니다. 열심히 일한 농부가 집에 돌아가서 밤새 안식하는 동안 하나님의 손에 의해서, 하나님의 때에 그 곡식에 열매가 맺히게 된다.

채소와 나무 같은 식물들은 대게 밤에 성장한다. 물론 낮 동안 햇볕을 받아 광합성 작용을 하지만, 실제로 세포가 증식하고, 뿌리가 깊어지며, 줄기가 길어지고, 과실이 맺히는 일은 대부분 밤에 일어난다. 아이들도 잘 먹는 것 이상으로 중요한 것이 잘 재우는 것이다. 아이들은 대부분 잘 때 큰다. 우리도 최선을 다하지만 자주 뒤로 물러서는 쉼표를 찍음으로써 하나님이 개입하시도록 초대해야 한다.

나도 설교를 준비할 때 하루에 몰아서 해버리지 않는다. 월요일 오후부터 묵상을 시작하고 본문을 주해하면서 하루에 몇 시간씩 조금씩 작업해간다. 주로 낮에 가장 집중할 수 있는 시간에 묵상과 연구를 하고, 오후와 저녁 시간에는 기도하면서 하나님의 감동을 계속 구한다. 그러면 하나님께서 메시지에 뼈대를 갖춰주시고, 살을 붙여주신다. 어떨 때는 샤워할 때나 산책할 때, 밤에 잠들 때나 아침에 일어날 때도 새로운 포인트들을 생각나게 해주신다.

물론 설교를 만들어갈 때 나도 인간적인 노력을 기울이며 연구하지만, 그러면서도 매일 물러서서 성령님이 개입해주시길 초대한다. 그러면 금요일쯤에는 내가 처음 준비했던 것보다 훨씬 풍성한 설교로 변해 있다. 모든 것이 그렇지만 특히 설교 준비에 있어서는 내 인간적 노력이 오병이어의 보잘것없는 도시락이라면, 성령님이 개입하여 터치하시면 30배, 60배, 100배의 열매가 되어 수많은 군중을 먹이기에 충분한 천국 만찬으로 변하는 것을 경험한다.

나는 목회자들과 교회 목회 전반에 관해 여러 가지 아이디어들을 놓고 매주 회의를 하는데, 사안이 예민하고 너무 힘들어지면 끝까지 그것을 붙들고 씨름하기보다는 하루, 혹은 한 주 정도의 쉼표를 찍는다. 그동안 각자 더 기도해보고, 더 연구해보면서 성령님의 개입을 초대하는 것이다. 그렇게 하면 항상 하나님께서 가장 순적하게 일이 완성되도록 인도하신다.

그러므로 무슨 일을 할 때 너무 몰아서 다 하려고 하지 말고, 중간중간에 쉼표를 찍고 하나님의 도우심을 구하는 공간을 만들라. 주님은 "내 멍에는 쉽고 내 짐은 가벼움이라"(마 11:30)라고 하셨는데, 우리의 작업 속에 하나님의 쉼표를 계속 집어넣는 일이 바로 그것일 것이다.

하나님이 쉼표를 찍으실 때 우리는 멈추지만 하나님은 가장 힘차게 일하신다. 넘실거리는 홍해 바다 앞에 서서 비명을 지르며 우왕좌왕하던 이스라엘 백성을 생각해보라. 그때 하나님은 모세를 통해 "너희는 두려워하지 말고 가만히 서서 여호와께서 오늘 너희를 위하여 행하시는 구원을 보라"(출 14:13)라고 말씀하셨다.

여기서 '가만히 있으라'라는 말은 무엇보다 조용히 하라는 말이다. 상황이 힘들어지면 감정이 북받쳐서 사납고 부정적인 말들이 많이 쏟아져 나온다. 그러나 그럴수록 그 말들을 뱉지 말고 잠잠해야 한다. 무슨 일이 생기면 바로 흥분하여 격앙된 반응을 보이지 말자. 만일 우리가 어떤 상황에서 하나님의 음성을 듣지 못했다면 하나님의 음성이 크지 않아서가 아니라 우리가 하나님의 음성을 들을 수 있을 만큼 조용히 있지 않았기 때문이다.

또한 이 말은 상황을 벗어나기 위해 함부로, 경솔하게 행동하지 말라는 말이다. 인간적 노력이 필요 없다는 말은 아니다. 말씀에 근거한 노력은 해야 한다. 이스라엘 백성도 하나님 말씀에 순종하여 애굽을 떠나 홍해 바다 앞까지 와야 했다.

그러나 내 힘으로 도저히 감당할 수 없는 큰 위기가 왔을 때는 어설프

게 이곳저곳 들쑤시고 다니지 말아야 한다. 오히려 문제를 더 악화시킬 수 있기 때문이다. 그럴 때는 하나님 앞에 가만히 엎드려야 한다. 어차피 그 상황에서 이스라엘 백성이 할 수 있는 일이 무엇이었겠는가? 돌아서서 애굽의 전차부대와 맞서 싸우겠는가, 아니면 그들 앞에 엎드려 살려달라고 빌겠는가, 아니면 어디 가서 배를 구해서 홍해를 건너보려고 애쓰겠는가? 다 소용없는 일이다. 절망이 극에 달하면 가만히 하나님 앞에 엎드리는 수밖에 없다.

가만히 있는 시간은 아무것도 안 하는 시간이 아니다. 하나님을 바라보는 시간이요, 하나님의 음성을 듣는 시간, 가장 중요한 일을 하고 있는 시간이다. 세상적인 문이 다 닫혀버렸을 때, 그것은 우리에게 겸손히 눈을 들어 하늘의 문이 열리기를 기도하라는 신호다. 기도하며 하나님의 임재 앞에 잠잠히 머무르면, 처음엔 좀 힘들다가 점차 두려움과 불안함이 서서히 사라지고 평안과 담대함이 자리 잡기 시작한다. 그리고 어느 순간부터 하나님에 대한 기대감이 자라난다.

누구에게나 쉼표가 필요하다

서두에서도 말했지만, 책에 인쇄된 글자와 글자 사이에도 여백이 필요하고, 악보의 음표와 음표 사이에도 여백이 필요하다. 그런데 현대인들은 너무 아침부터 저녁까지, 잠시도 쉬지 못하고 빽빽하게 하루하루를 산다. 그러다 보니 과로와 스트레스로 인한 우리나라 직장인들의 사망률이 세계 1,2위를 다툰다.

이렇게 쉼표 없이 몰아붙이는 삶은 어릴 때부터 시작된다. 서울 강남에 사는 아이들은 어지간하면 10-15개 이상의 학원 공부에 시달린다고 한다(미술학원, 영어학원, 피아노학원, 태권도학원, 논술학원 등). 그러니 밤 10시, 11시에 누렇게 뜬 얼굴로 집에 오는 경우가 다반사이다. 이때 부모들이 하는 말은 다 똑같다.

"다 널 위한 거야."

그래서 요즘 청소년들은 스트레스를 이기지 못해 자기 몸을 펜으로 찍고 날카로운 것으로 그으며 자해하는 일이 그렇게 많다고 한다.

우리나라의 어린이/청소년 행복지수는 OECD 국가들 중에서 최하위인 23위다. 아이들이 행복하지 않다. 우리나라 청소년 자살증가율은 세계 1위이고, 청소년 흡연율도 세계 1위이다. 시간 낭비라고 운동도 제대로 안 시키고, 잠도 제대로 안 재우니 아이들의 체력이나 건강도 형편없다. 무엇보다도 부모에 대한 분노가 많고, 대인관계 능력도 좋지 않다.

아이들에게도 하나님의 쉼표가 필요하다. 부모가 아닌 하나님의 손이 아이들을 부드럽게 빚어갈 시간적, 육체적, 정신적 여유가 필요하다. 아이들이 조금 심심해보기도 하고, 혼자 이런저런 상상의 날개를 펴보기도 하며, 그림을 그리거나 책을 읽으며 스스로 놀이를 만들어 놀아보기도 하는, 어른들이 간섭하지 않는 자기만의 시간이 필요하다. 그것은 하나님이 자연스럽게 만들어 놓은 쉼표인데 오늘날의 세상 교육이 그것을 앗아가 버림으로써 아이들의 인생을 황폐하게 만들고 있는 것이다. 그리고 무엇보다 아이들이 어릴 때부터 충분히 예배의 은혜를 누릴 수 있게 해야 한다. 그래야 이들이 다니엘처럼 세상에서 승리하는 사람이 될 수 있다.

내 영혼의 실개천을 회복하라

언제부터인가 우리는 스피드와 효율성이라는 이유로 소중한 것들을 무시하면서 함부로 처리해왔다. 그 결과로 이전보다 더 편하게, 더 잘 살게 되었다고는 하지만, 삶은 더욱 살벌하고 피곤하며 메마르기 시작했다. 쉼표가 없는 인생은 황폐해진다.

우리가 내린 가장 어리석은 결정들은 다 우리가 지나치게 바쁘고 지친 상태에서 내린 것들이다. 하지 말아야 했던 말을 해서 상황을 너무나 어렵게 만들어 놓은 경우도 대부분 우리가 바쁘고 지친 상태에서 내뱉은 것들이다. 조금만 여유를 두고 한 발짝 뒤로 물러나 기도하며 묵상하는 쉼표를 두었더라면 성령님이 그런 실수를 하지 않도록 점검해주셨을 텐데, 우리는 너무 바빴고 너무 지쳐 있었다. 하나님은 쉼표를 찍으시며 문제의 근원인 황폐해진 우리 내면세계를 다시 질서 있게 가꾸라고 하신다.

언젠가 우리나라의 하천 생태계를 추적한 다큐멘터리를 시청한 적이 있다. 예전에는 동네 어귀에서 흔하게 볼 수 있었던 작은 하천과 실개천이 농지 정리에 의해 인위적으로 사라지게 되었는데, 효용 가치가 없어 보이던 실개천이 실상은 생활하수를 정화할 뿐 아니라 생태계를 살리는 주요 원천이라고 한다. 그런 작은 개천들이 사라지면서 공해 물질이 강바닥에 쌓이고, 그 결과로 수질이 오염되어 생활환경이 많이 파괴되어 버렸다.

내 영혼의 실개천은 하나님과 교제하는 시간이다. 치열한 매일의 일상은 계속해서 우리 안에 정화해야 할 영적 퇴적물이 쌓이게 한다. 그러면 우리 영혼은 지치고 사나워지며, 강퍅해지게 될 것이다. 괜히 화내고 짜증내는 일이 많아지고, 원망과 불신과 두려움과 욕심과 시기하는 마음들이 주체할 수 없이 흘러나온다. 이때 하나님과의 교제는 영혼을 새롭게 하는 실개천과도 같다. 하나님과 교제하는 시간은 바로 이런 것들을 매일 성령의 생수로 영적 디톡스 시켜주는 역할을 한다.

'묵상'(meditation)이라는 말의 라틴어 어원을 살펴보면 거울에 비친 모습을 되받아 좀 더 자세히 본다는 뜻을 갖고 있다. 흐르는 물의 수면에는 영상이 비쳐지지 않는다. 한참 달리다가 들어온 사람은 숨이 가빠서 바로 말을 할 수가 없다. 숨을 가라앉히고, 물을 마시고 좀 쉬어야 한다. 하나님과 깊이 있는 대화를 나누기 위해서는 바쁜 일상을 멈추고, 시간을 들여 숨을 고르게 해야 한다. 그리고 세상의 소리를 끄고(스마트폰, TV, 사람들과의 잡담) 홀로 있어야 한다. 이 침묵과 고독의 시간이 쉽지 않지만, 그렇게 해야 세상이 뒤흔들어놓은 자기 자신을 가라앉힐 수 있다. 이 시간 동안에 성령께 거칠게 어질러져 있는 우리의 내면세계를 정리해달라고 기도해야 한다.

다윗의 시편을 보면 '셀라'(selah)라는 히브리어가 자주 나온다. 이는 음악적인 쉼표를 의미하는 단어다. 다윗의 시편의 전체적인 어조를 살펴보면 '셀라' 이후의 다윗은 이전과는 완전히 다른 성숙하고 수준 높은 믿음을 보여준다. 처음에는 거친 숨을 몰아쉬며 자신의 고통과 분노와 억울함을 호소하던 다윗이 '셀라'를 반복해가면서 점점 평온을 되찾는다. 그리고 궁극적으로는 하나님께 영광을 돌리며 평안과 담대한 심령으로 새로운 미래를 꿈꾸기 시작한다. 이는 다윗이 셀라의 시간 동안 하나님의 임재 안에 안식하면서 내면세계를 정돈했음을 뜻한다. 다윗도 우리처럼 실수와 실패가 많았던 사람이지만, 넘어질 때마다 셀라의 안식 속으로 들어가 하나님의 쉼표의 은혜를 누렸다. 그래서 다윗은 어떤 시련 속에서도 계속해서 오뚝이처럼 일어날 수 있었다.

새로운 시작을 위한 준비

우리 인생에 주어지는 하나님의 쉼표는 반격을 위한 거룩의 과정이다. 아이성 1차 전투에서 이스라엘은 충격적으로 패배했다. 여리고 승리 이후 교만해져서 기도하지 않고 나갔다가 패배했다. 말씀에 불순종한 배신자 아간 때문에도 패배했다. 그러나 그것은 마침표가 아니었다. 배신자 아간을 제거하고 회개하며 기도하고 나니 하나님께서 2차 전투의 승리를 주셨다. 어떤 패배도 마침표가 되게 하지 마라. 회개의 쉼표를 찍으면 하나님께서 회복의 후반전, 반전의 후반전을 주실 것이다.

하나님은 쉼표의 시간에 우리를 많이 울게 하시고, 많이 회개하게 하시며, 많이 기도하게 하시기도 한다. 그럴 때는 우리의 교만한 마음을 내버리며 정직하게 회개하고, 많이 울고, 많이 기도해야 한다. 그러면 성령께서 우리를 정결하게 씻으실 것이며, 그러면 하나님께서 곧 위대한 내일을 우리에게 열어주실 것이다.

또한 쉼표는 인생의 틀을 다시 짜라는 하나님의 뜻일 수 있다. 주님은 크고 인자한 분이셔서 평소에는 우리를 잠잠히 지켜보신다. 그러나 우리가 너무 세상 물결에 휩쓸려서 거칠고 사납게 인생을 살기 시작하면, 그러면서도 브레이크를 걸지 못하고 폭주하기 시작하면, 그래서 가만 놔두면 우리 자신뿐 아니라 주위 사람들에게도 해를 끼칠 것같이 되면 하나님이 쉼표를 찍어주신다. 건강하던 사람이 뜻하지 않은 병에 걸리기도 하고, 망할 수 없어 보이던 사업이 망하게도 하시고, 승승장구하던 사람이 좌천되게도 하시며, 믿었던 친구에게 배신당하는 일도 겪게 하신다. 이런 뜻하지 않는 변수를 만나면 우리는 충격을 받고 멈추게 되는데, 이것은 하나님이 우리에게 주시는 쉼표이다.

나는 극심한 안면마비 증세로 모든 사역을 멈추고 두 달이 넘도록 고독하게 지낸 적이 있다. 주님은 내 인생에 뜻하지 않은 쉼표를 찍어주시면서 일 중심으로 짜여 있던 내 삶의 틀을 재조정하게 하셨다. 그때 나는 하나님이 주신 영적 하프타임에 순종하여, 한 걸음 뒤로 물러나서 숨 고르기를 했다. 지금도 일주일에 하루 이상, 한 분기에 한두 번 이상씩 홀로 주님과 깊이 교제하며 나의 내면세계를 추스른다. 그러면 하나님께서 지친 내 몸과 마음을 다독여주신다. 상처는 회복시키시고, 잘못된 것은 바로잡아주시며, 답답한 상황을 뚫고 나갈 수 있는 지혜와 분별력도 주신다. 평소에 내가 보지 못하던 것들을 깨닫게 하시며 반성하고 다듬게 하신다.

전반전을 뛰고 지친 선수들을 하프타임 신호와 함께 맞아주고 격려하는 감독처럼, 하나님이 인생 전반전을 뛰다가 지친 우리에게 영적 하프타임을 선언하며 부르시는 때가 있다. 아이성 승리 뒤에 지쳐 있는 여호수아와 백성을 에발산으로 불러 말씀을 듣게 하신 것처럼 말이다. 아무리 늦은 시간에 아무리 낮은 모습으로 나타나서도, 주님이 우리 마음속에 오시면 우리는 그 임재만으로도 새 힘을 얻는다. 우리가 자신의 힘으로 발버둥치는 것을 멈추고, 하나님께서 온전히 우리 영혼을 만지실 수 있도록 내어드릴 때, 우리 인생에는 새 역사가 시작될 것이다.

성경의 위대한 영웅들은 치열한 삶의 현장에서 열심히 살면서도 하나님과의 친밀한 교제를 최우선순위에 두었던 사람들이었다. 대제국 국무총리 다니엘은 하루에 세 번 하나님의 임재 앞에 깊이 잠겼고, 다윗 왕은 화려한 왕궁에서 천 년을 사는 것보다 하루 동안 주의 전에서 문지기로 있는 것이 낫다고 할 정도로 하나님을 예배하는 시간을 사모했다. 예수님도 새벽 미명 이른 시간에 홀로 하나님과 깊이 교제하셨다. 세상이 아무리 폭풍같이 사나워져도 우리가 항상 하나님의 쉼표를 삶에 실천하여 내면세계를 풍성하게 한다면 우리는 모든 일에 승리할 것이다.

인내를 배우는 시간

약속의 땅을 정탐하고 돌아와서 동족들에게 결과를 보고하던 갈렙에게는 꿈이 있었다. 약속의 땅을 정복하겠다는 꿈이었다. 무서운 아낙 자손들이 있지만, 그들은 '우리의 밥'이라고 했다. 하나님이 함께하시면 반드시 이길 수 있다고 했다. 그러나 갈렙의 꿈은 다른 부정적인 열 명의 정탐꾼들의 말에 묻혀버렸다. 그들은 저 무서운 아낙 자손들에 비하면 우리는 메뚜기와도 같으니 우린 결코 그 땅에 들어가지 못할 것이라며 그 땅을 악평했다. 백성은 갈렙의 말보다 부정적인 정탐꾼들의 말에 선동되었다. 그리고 이에 진노하신 하나님께서는 두 달이면 끝날 수 있던 그들의 광야생활을 38년으로 늘이셨다.

그 38년 동안 불신의 출애굽 1세대는 하나씩 쓰러져 죽었다. 갈렙은 불신의 동료들로 인해 자신의 꿈이 38년이나 뒤로 미뤄지는 것을 견뎌야 했다. 그러나 갈렙은 포기하지 않았다. 그는 이 시간을 하나님의 마침표가 아닌 쉼표로 받아들였다. 그리고 마침내 가나안에 들어간 뒤, 85세 노인의 몸으로 헤브론을 도전하여 정복했다.

꿈이 미뤄지는 쉼표의 기간에도 결코 희망을 버려선 안 된다. 쉼표는 새로운 인생 시즌의 시발점이기 때문이다. 보통 85세면 은퇴하고 죽음을 준비할 때다. 인생의 마침표를 찍을 때다. 그러나 갈렙은 그때 헤브론에 도전했다. 하나님은 갈렙의 인생이 마침표가 아니라 쉼표라고 하셨다. 갈렙은 그냥 오래 산 노인이 아니다. 하나님이 주시는 약속의 땅에 끊임없이 도전한 사람이다. 그런 적극적인 믿음을 가진 사람의 인생 달력에는 세상이 찍는 마침표가 아닌 하나님이 찍으신 쉼표로 가득하다.

빅토리아 알렌(Victoria Arlen)이라는 젊은 미국 여인의 스토리는 참으로 감동적이다. 어렸을 때 그녀는 아주 활발하고 건강한 아이였는데, 11세 되던 해에 갑자기 옆구리에 극심한 통증을 느끼기 시작했다. 의사들은 그녀의 막창자꼬리(appendix)를 제거했지만, 별 도움이 되지 않았다. 그리고 몇 주도 안 되어 갑자기 살이 엄청나게 빠졌다. 의사들은 이유를 알지 못했다. 다리가 힘을 잃기 시작했고, 팔도 움직일 수 없었으며, 음식을 삼킬 수도 없었고, 말을 하려고 해도 말도 나오지 않았다. 마치 누군가가 그녀의 몸 전체를 컨트롤하는 스위치를 꺼 버린 것 같았다. 급기야 그녀는 식물인간 상태가 되었고, 의사들은 뇌와 척수에 염증을 일으키는 희귀병 증세라고 결론을 내렸다. 의사들은 가족에게 그녀가 평생 이런 상태로 지내게 될 것이며, 오래 살지 못할 확률도 높다고 말했다.

그러나 독실한 크리스천이었던 그녀의 가족은 하나님께서 반드시 딸의 건강을 되찾게 해주실 것을 믿었다. 그리고 계속해서 그녀를 찾아가 사랑한다며 말을 걸었다.

2년이 지났을 때, 간신히 그녀의 의식이 돌아왔다. 자기 주위에서 무슨 일이 일어나는지 알고 있었지만 자신의 눈조차 움직일 수도 없었던 그녀는 사람들에게 자신의 의식이 돌아왔다는 사실을 알릴 수 없었다. 의사들이 부모에게 가망이 없다고 말하는 것도 들었고, 어머니가 계속 그녀에게 사랑한다고 말해주는 것도, 하나님이 낫게 해주실 것이라고 말하는 것도 들었다.

주일마다 어머니는 기독교 TV를 켜놓고 목사님의 설교를 시청했는데, 의식이 깨어 있었던 빅토리아는 그 설교를 다 들었다. 그 목사님은 하나님이 우리의 치유자가 되시며 우리의 아픔도 우리를 축복하시는 도구로 사용하실 수 있음을 설교했고, 고난이 오히려 축복으로 가는 길이 될 수 있음을 자주 설교하셨다. 그때마다 빅토리아는 속으로 "아멘"을 외치며 말씀을 붙잡았다. 몸의 어느 한 곳도 움직일 수 없이 의식만 멀쩡한 채 누워 있었지만, 그녀는 말씀을 붙잡고 수없이 자신에게 선포했다.

"그래, 나는 이렇게 무너지지 않을 거야. 하나님의 때가 되면 하나님의 능력으로 반드시 일어날 거야. 내 인생 스토리는 이렇게 끝나지 않아."

그녀는 가족에게라도 자신의 의식이 돌아왔다는 것을 알려줄 수 있게 해달라고 간절히 기도했다. 그렇게 1년이 지났다. 마침내 눈을 뜨게 된 그녀를 바라보며 어머니가 말했다.

"네가 우리의 말을 알아들을 수 있다면 눈을 한 번 깜박여 보렴."

그녀는 눈을 깜박였고, 가족은 드디어 그녀의 의식이 돌아왔음을 알고 기뻐했다. 그것은 기나긴 회복의 여정의 시작이었다. 그녀는 다시 말하기 시작했고, 움직이기 시작했으며, 음식을 먹기 시작했다. 그리고 또 1년이 지났다. 병에 걸린 지 4년 만에 그녀는 다시 일어나서 학교로 돌아갈 수 있었다. 그녀의 다리를 제외한 모든 것이 정상으로 돌아왔다. 가족들의 격려로 그녀는 마비되기 전에 했던 수영을 다시 시작했고, 꾸준한 연습 끝에 2012년 런던 페럴림픽 대회에 미국 대표로 출전하여 금메달을 따기도 했다. 전 세계가 그녀의 인간 승리에 주목했다.

그러나 빅토리아는 아직 하반신 마비 상태였기 때문에 휠체어를 타야 했다. 그녀는 하나님께서 이제 시작하셨을 뿐이라고 믿고 완전한 회복을 위해 계속 기도하고 노력했다. 의사들은 그녀가 다시 걷기 어려울 것이라고 했지만, 그녀는 뜨겁게 기도했고, 누구보다 열심히 운동했다. 그리고 의식을 차린 지 5년 만에 조금씩 걷기 시작하더니, 6년째 되던 해인

2016년부터는 목발을 짚지 않고 두 발로 걸을 수 있게 되었다. 이제 그녀는 마치 아무 일도 없었던 사람처럼 정상인으로 살게 되었다.

그렇게 10년 만에 기적같이 회복된 빅토리아 알렌은 21세의 나이로 미국 ESPN 방송의 아나운서가 되는 영광을 얻었다. 뛰어난 외모와 순발력 있는 말솜씨로 그녀는 지금 여배우, 아나운서, 모델, 그리고 인기 강사로 활발한 인생을 살고 있다. 사람들은 그녀의 인생이 끝났다고 마침표를 찍었지만, 빅토리아와 가족은 하나님을 붙잡는 믿음으로 굳건히 시련을 이겨냈다. 마침표가 아닌 쉼표가 찍힌 것이다.

쉼표의 시간이 길어질 때

잠언에 보면 "소망이 더디 이루어지면 그것이 마음을 상하게 하거니와"라고 했다(잠 13:12). 생각했던 것보다 고난의 시간이 오래 갈 때, 이 힘든 상황을 이해할 수 없을 때, 기도가 응답되지 않는 시간이 너무 길어질 때, 우리의 몸과 마음이 지치기 쉽다. 괜히 마음이 서럽고, 하나님이 은근히 원망스럽고, 기도도 힘을 잃는다. 그러나 이럴 때일수록 희망을 잃지 말아야 한다. 믿음의 선한 싸움을 싸운다는 것은 고난의 시간에도 소망을 잃지 않는 것이다. 우리의 희망은 '그냥 잘 되겠지 뭐' 하는 맥없는 바람이 아니라, 약속의 말씀을 주신 예수님을 믿는 것이다.

고난의 시간이 길어질수록 마음을 단단히 다잡아야 한다. 약속의 말씀을 붙잡고, 그 누가 뭐라 해도 흔들리지 말아야 한다. 몸은 움직일 수 없고 의식만 깨어 있는 상태에서도 사람들의 소리를 믿지 않고 하나님의 말씀을 붙잡은 빅토리아 알렌이 바로 그랬다. 사람들은 "이제 넌 끝났어"라며 마침표를 찍었지만, 그녀는 거기에 흔들리지 않고 "천만에! 이건 한 박자 쉬어가는 것뿐이야. 이제부터 시작이야"라며 하나님의 쉼표를 선포했다. 그리고 그녀의 믿음대로 되었다.

하나님이 쉼표를 찍으신 곳에 마침표를 찍지 마라. 하나님의 쉼표는 아직 게임이 끝나지 않았다는 것이다. 하나님이 예비하신 후반전이 있다는 것이다. 그러니 전반전 스코어만 보고 절망하거나 포기해선 안 된다. 사람들은 회당장 야이로의 딸이 죽었다고 했지만, 예수님은 "이 아이가 죽은 것이 아니라 잔다"라고 하셨다(막 5:39). 예수님은 보통 사람들이 절망이라고 말하는 지점을 그냥 쉬어 가는 지점이라고 하신다. 사람들이 "이제 다 끝났다"라며 섣불리 마침표를 찍어버린 곳에 주님은 "아직 끝나지 않았어. 오히려 이제부터 본 게임 시작이야"라며 쉼표를 찍으신다.

가장 위대한 쉼표, 십자가

예수님이 십자가에 못 박혀 돌아가셨을 때 세상 권세자들과 마귀는 자신들이 이겼다고 생각하며, 마침표를 찍고 잔치를 벌였을 것이다. 예수님의 제자들도 이젠 모든 소망이 사라졌다고 생각하며 마침표를 찍고 절망했을 것이다. 그러나 예수님은 사망 권세를 이기시고 사흘 만에 다시 부활하셨다.

단단한 돌무덤도, 종교 지도자들의 음모도, 로마 제국의 무서운 권세도 결코 주님의 부활을 막을 수 없었다. 하나님의 위대한 구원 역사에서, 주님의 부활은 십자가가 마침표가 아니라 쉼표에 불과했다는 사실을 보여주었다. 그것도 그냥 쉼표가 아니라 온 인류를 죄에서 구원하는 승리의 후반전으로 가는 기폭점이 된 쉼표였다.

십자가의 길이 어렵지만 그 고통이 영원한 건 아니다. 그 끝에는 부활이 있다. 하나님께서는 하나님의 자녀들이 언제까지나 십자가 위에 매달려 있도록 정해놓지 않으셨다. 십자가가 자기의 일을 끝냈을 때 부활 생명이 찾아와 그 자리를 대신했다. 십자가 다음에는 기쁨으로 충만한 부활이 즉시 뒤따랐다. 하지만 부활 전에는 반드시 십자가가 있어야 했다. 주님의 뒤를 따라 자기 십자가를 지고 가는 우리 인생도 그럴 것이다. 외롭고 힘들어도 자신에게 주어진 십자가를 피하지 않고 기쁘게 감당하면 반드시 부활의 기쁨이 또한 찾아오게 될 것이다.

십자가의 승리를 가슴에 품고 살기에, 우리는 살면서 절망 같은 고통이 와도 그것을 마침표로 보지 않고 하나님의 쉼표로 본다. 하나님의 사람은 죽음도 두려워하지 않는다. 주님이 "나는 부활이요 생명이니 나를 믿는 자는 죽어도 살겠고 무릇 살아서 나를 믿는 자는 영원히 죽지 아니하리니"라고 말씀하셨기 때문이다(요 11:25, 26).

구원받은 우리는 육체의 죽음도 영원으로 가는 하나의 쉼표이다. 그러니 두려움 없이 평안하고 담대할 수 있다. 살면서 당할 수 있는 최악의 상황이 죽음인데 그 죽음마저 더 큰 승리로 가는 쉼표로 볼 수 있다면, 우리가 두려워할 것은 아무것도 없다. 이 믿음으로 강하고 담대하게 나아가자.

하나님의 쉼표 plus

하나님을 기대하라

우리 가운데서 역사하시는 능력대로 우리가 구하거나 생각하는 모든 것에 더 넘치도록 능히 하실 이에게 교회 안에서와 그리스도 예수 안에서 영광이 대대로 영원무궁하기를 원하노라 아멘
엡 3:20,21

하나님이여 사슴이 시냇물을 찾기에 갈급함 같이 내 영혼이 주를 찾기에 갈급하니이다 내 영혼이 하나님 곧 살아 계시는 하나님을 갈망하나니 내가 어느 때에 나아가서 하나님의 얼굴을 뵈올까 사람들이 종일 내게 하는 말이 네 하나님이 어디 있느뇨 하오니 내 눈물이 주야로 내 음식이 되었도다 내가 전에 성일을 지키는 무리와 동행하여 기쁨과 감사의 소리를 내며 그들을 하나님의 집으로 인도하였더니 이제 이 일을 기억하고 내 마음이 상하는도다 내 영혼아 네가 어찌하여 낙심하며 어찌하여 내 속에서 불안해 하는가 너는 하나님께 소망을 두라 그가 나타나 도우심으로 말미암아 내가 여전히 찬송하리로다
시 42:1-5

우리는 이미 앞 장에서

하나님의 쉼표가 하나님이 열어주시는 새로운 미래를 의미한다는 사실을 배웠다. 즉, 하나님의 쉼표 신앙은 하나님을 기대하는 것이다. 하나님을 기대한다는 것은 하나님을 하나님의 크기로 보는 것이다.

하나님의 우리가 생각하는 것보다 훨씬 크신 분이며, 무한한 능력을 갖고 계신 분이다. 에베소서 3장 20절에는 "우리 가운데 역사하시는 능력대로"라는 말이 나온다. 여기서 '능력'이라는 헬라어 단어는 다이너마이트의 어근이 되는 '두나미스', 즉 '폭발하는 능력'을 말한다. 하나님의 능력은 지상에서 하늘로 솟아오르는 로켓처럼, 우리의 삶을 순식간에 바꿔놓는 폭발적인 성공을 주실 수 있다. 하나님의 능력은 망가진 것을 다시 고쳐 놓으실 수 있다. 하나님의 능력은 태산 같은 장애물을 치워버릴 수 있다. 하나님의 능력은 무에서 유를 창조하실 수 있다. 하나님의 능력은 어지럽게 부서진 것들을 깨끗하게 정리하실 수 있다. 사막에서 샘이 넘쳐흐르듯이, 하나님의 능력은 모두가 절망한 곳에서 소망을 불러일으킨다.

하나님의 무한한 능력은 항상 우리의 상상을 초월한다. 우리가 무엇을 상상하든지 하나님은 항상 그 이상을 보여주신다. 생각해보라. 하나님은 그냥 큰 물웅덩이를 만드실 수도 있었지만 그림같이 아름다운 태평양과 대서양 같은 바다를 만드셨다. 그 바다 안의 물고기들도 한 종류로 만드실 수 있었지만, 제각기 다른 모양과 색을 갖춘 다양한 물고기들을 만드셨다. 나는 수족관에 갈 때마다 그 수많은 물고기들의 퍼레이드를 보면서 창조주 하나님의 풍성함에 감탄하곤 한다.

하나님은 한 가지 색깔과 종류의 꽃들만 만드실 수도 있었지만, 굳이 그 다양하고 아름다운 색깔의 꽃들을 계절마다 다르게 피게 하셨다. 그냥 별 하나만 만드실 수도 있었는데, 수천수만 개의 별들이 가득한 은하계를 만드셨다. 그냥 언덕을 하나 만드실 수도 있었는데, 장엄한 히말라야와 알프스를 만드셨다.

하나님은 평범하고 지루한 분이 아니시다. 하나님은 항상 풍성하고 다양하고 엄청난 분이시다. 하나도 대충 하시는 것이 없다. 그래서 하나님의 창조물들을 보면, 보고 또 봐도 질리지 않는 아름다움과 엄청난 감동이 밀려온다.

그 풍성하고 엄청난 하나님의 능력이 멀리 있지 않다. 바로 구원받은 하나님의 자녀들 안에 '우리 가운데' 역사하신다. 나는 하나님의 능력이 우리 안에 가만히 머무는 것이 아니라 살아 역사하길 축원한다. 우리의 기도 속에, 섬김 속에, 가정 속에, 직장 속에 하나님의 능력이 철철 흘러 넘치기를 바란다.

누구와 함께하는가

하나님은 우리를 통해 일하신다. 우리와 함께 일하신다. 우리가 가진 능력이 아무리 보잘것없어도 하나님이 함께 일하시는 순간부터 우리는 가진 능력의 수십 배 되는 기적을 체험하게 될 것이다.

오래전, 이탈리아에서 있었던 일이다. 예술 극장에서 일하는 사람에게 어린 아들이 있었다. 그는 넉넉지 않은 형편이었지만 아이를 위해 낡은 피아노를 한 대 샀다. 처음에는 서투르다보니 도레미만 치던 아이가 〈젓가락 행진곡〉을 배우게 되었다. 어느 날 아버지가 일하는 예술 극장에 이태리 최고의 전설적인 피아니스트가 공연을 오게 되었다. 입추의 여지없이 청중이 가득 들어찬 그날, 어린 아들에게 대가의 연주를 들려주고 싶었던 아버지는 어렵게 뒤쪽에 자리를 마련하고 아들을 데려 왔다.

극장 이곳저곳을 구경시켜주고 난 뒤에 자리로 돌아온 아버지는 잠깐 나갔다 올 일이 있어 아들에게 그 자리에 잘 앉아 있으라고 말하고는 나갔다. 아들은 호기심에 다시 이곳저곳 다니다가, 무대 커튼 뒤에 있는 연주용 그랜드 피아노를 보게 되었다. 아들은 자기도 모르게 그 앞에 앉아서 조심스럽게 피아노를 두들겨 보기 시작했다. 그러다가 최근에 연습하는 〈젓가락 행진곡〉을 치게 되었다. 치다 보니 거기에 완전히 심취해서 주변 상황이 어떻게 돌아가는지 전혀 몰랐다. 커튼이 올라가면서 환하게 조명이 들어오고, 수천 명의 청중이 무대를 보게 되었다. 아이는 열심히 〈젓가락 행진곡〉을 치다가 뭔가 이상한 것을 느끼고는 고개를 들었다. 순식간에 상황을 파악한 아이는 기겁을 하고는 피아노에서 내려오려 했다. 그 순간, 크고 묵직한 손이 아이의 어깨를 붙잡았다. 그리고 굵고 부드러운 음성이 들렸다.

"얘야, 괜찮아. 그대로 계속 치던 곡을 연주하렴."

바로 그 전설의 피아니스트였다. 아이는 겁먹은 채로 다시 〈젓가락 행진곡〉을 연주하기 시작했고, 옆에 앉은 피아니스트는 같이 조금씩 연주하다가 그 코드를 그대로 연결시켜서 베토벤 심포니 서곡을 연주해나갔다. 그러면서 손을 들어 뒤에 대기하고 있던 오케스트라에게 사인을 보냈다. 목관악기, 현악기, 타악기 등이 차례로 피아니스트의 신호를 따라 연주에 합류해 들어오기 시작했다. 그러자 곧 엄청나게 장엄하고 아름다운 클래식 음악의 하모니가 이뤄졌다. 아이의 〈젓가락 행진곡〉은 계속되고 있었지만, 전설의 피아니스트가 함께하면서 오케스트라 전체가 받쳐주니 너무나 엄청난 음악이 된 것이다.

그 아이는 바로 우리이고, 최고의 피아니스트는 하나님이시다. 하나님은 우리의 보잘것없는 젓가락 행진곡을 계속 연주하게 하시면서, 함께 연주해주시면서, 놀라운 하늘의 능력을 부어주신다. 그래서 생각할 수도 없던 최고의 장엄한 음악을 만들어가신다.

가끔씩 새로운교회 담임목사인 내가 〈젓가락 행진곡〉을 연주한 바로 그 아이와 같지 않은가 생각한다. 외부에 나가면 많은 분들이 "목사님, 참 대단하십니다. 어떻게 그렇게 짧은 시간에 이렇게 놀라운 부흥을 이루셨습니까?"라고 묻는다. 하지만 나는 아무것도 아닌 〈젓가락 행진곡〉을 연주한 아이였을 뿐이고, 최고의 피아니스트이신 우리 주님이 천군천사와 함께 나를 붙잡고 놀라운 부흥의 음악을 연주해주신 것이다. 그래서 결코 교만할 수 없다. 지금도 나는 항상 손을 모으고 기도한다.

"하나님, 아무것도 아닌 저를 사용하셔서 이렇게 놀라운 교회를 만들어가시는 주님의 은혜를 찬양합니다."

하나님의 때, 하나님의 방법으로 임하는 능력

스포츠 경기를 보다 보면 너무나 중요한 경기가 한치 앞을 내다볼 수 없는 치열한 양상으로 접어들면서 위기와 기회가 동시에 밀려와 양 팀 선수들은 물론 관중의 긴장감이 극에 달할 때가 있다. 모두의 마음속에 '여기서 누군가가 한 방 터트려주었으면' 하는 생각이 스칠 때 실제로 한 방 터뜨려주는 사람, 그 사람이 스타다. 실력은 출중하지만 결정적 타이밍에 터뜨리지 못하는 선수는 사람들에게 실망을 주고 야유를 받는다. 한 방 터트리는 것도 중요하지만, 그 한 방을 결정적인 순간에 터트려 경기의 혈로를 뚫어주어 팀에게는 승리를, 팬들에게는 기쁨을 안겨주는 사람이 스타가 된다.

그런 의미에서 우리는 스타들이 타석에 들어설 때 엄청난 기대감을 가지고 바라본다. 하나님은 세상 그 무엇과도 바꿀 수 없는 스타이시다. 우리의 인생을 하나님께 맡기고 살아갈 때, 우리는 세상에서 가장 믿을 수 있는 스타 타자가 타석에 들어서는 것을 바라보는 것 같은 기대감을 가지고 바라본다. 그분은 반드시 가장 절실하게 필요한 순간에, 우리를 위해 놀라운 한 방을 터트려주실 것이다. 다만, 그 한 방이 좌중간으로 갈지, 우중간으로 갈지, 센터로 갈지는 그분만이 아신다. 초구를 가격하실 것인지, 투 스트라이크 노 볼의 위기 상황에서 가격하실 것인지도 그분만이 아신다. 그러나 그분의 방법과 타이밍은 우리가 생각하는 것 이상의 놀라운 기적이요 축복일 것이다.

이사야서에 보면 하나님께서는 "하늘이 땅보다 높음같이 내 길은 너희의 길보다 높으며 내 생각은 너희의 생각보다 높음이니라"라고 말씀하신다(사 55:9). 다를 뿐 아니라 우리의 생각보다 훨씬 더 뛰어나시다.

사도행전 3장에 나오는 성전 문 앞에 앉았던 앉은뱅이가 바로 그랬다. 수십 년간 그곳에서 구걸해 온 그의 가장 큰 꿈은 누가 돈다발을 던져주면 맛있는 음식 실컷 먹고 좋은 옷도 새로 사 입는 것 정도였을 것이다. 그런데 설마 그날, 평범하게 보이던 두 사람, 베드로와 요한을 통해 하나님의 은혜를 입을 줄 누가 알았겠는가? 예수님의 이름의 능력으로 그는 단번에 일어나 걸을 수 있게 되었다. 현대 의학의 힘으로, 돈으로 해결하지 못하던 그 병이 단번에 해결 받은 것이다. 이제 다시는 구걸하지 않아도 된다. 결혼도 하고, 직장도 가지고, 전 세계를 다니면서 간증하며 살 수 있다. 주님은 앉은뱅이가 갖고 있는 최고의 꿈을 훨씬 뛰어넘게 이뤄주셨다. 하나님은 우리의 기대를 초월하신다!

오래전, 메이저리그 야구선수가 되어 디트로이트 타이거즈 구단에서 뛰고 싶었던 한 소년이 있었다. 워낙 소질이 있는데다 연습도 열심히 했기에 마이너리그 트리플 A까지 올라가 곧 꿈에 그리던 메이저리그 입성을 눈앞에 두게 되었다. 그러나 뜻하지 않은 무릎 부상으로 꿈을 접어야 했다. 실의에 빠져 집에 돌아온 그를 아버지는 그냥 놔두지 않았다. 부지런한 이민자 출신의 아버지는 아들에게 말했다.

"네가 뭘 하든 상관없지만, 이렇게 할 일 없이 집에서 빈둥거리는 건 못 본다. 나가서 뭐든 밥벌이를 해라."

그래서 그는 식당을 하는 친구에게 가서 급여는 적어도 좋으니 일거리를 좀 달라고 했다. 일을 하지 않으면 집에 가서 아버지 얼굴을 볼 수가 없다고 했다. 그러자 그 친구가 하는 말이, 당장은 일자리가 없지만 주방에서 음식 만드는 거라도 거들 수 있다면 먹여주고 재워주기는 하겠다고 했다. 그렇게 일을 시작한 그는 주방에서 피자 만드는 것을 보다가 자기 나름의 레시피를 만들었다. 그의 피자는 좋은 반응을 얻었고, 얼마 지나지 않아 독립해서 작은 피자 가게를 열었다. 그런데 대박이 터졌다.

이 작은 가게는 점점 커져서 하나씩 지점을 내기 시작하더니 전 미국에 체인점을 갖게 되었다. 이 회사가 바로 '리틀 시저스'(Little Caesars)이다. 그리고 세월이 흘러 그는 메이저리그 구단 디트로이트 타이거즈의 소유주가 되었다. 그의 이름은 마이크 일리치(Mike Illitch)이다. 마이크는 단지 그 구단의 선수가 되기를 꿈꾸었지만, 하나님께서는 그가 아예 구단 전체의 주인이 되게 하셨다.

우리의 계획이 실패해도 하나님의 계획은 실패하지 않는다. 하나님의 각본은 아직 펼쳐지지 않았다. 그분의 각본은 우리의 각본을 훨씬 넘어설 것이다. 하나님은 우리의 기대와 전혀 다른 버전의 축복을 예비하고 계신지도 모른다. 게다가 더 감사한 것은 항상 하나님의 버전이 우리의 버전보다 훨씬 더 좋다는 것이다. 하늘이 땅보다 높음같이 하나님의 생각이 우리의 생각보다 좋다.

그래서 우리는 하나님을 기대해야 한다. 믿음은 하나님을 기대하는 것이다. '하나님을 기대한다'라는 것은 '하나님의 개입을 기다린다'라는 말과 같다. 우리 인생의 대부분은 기다림이다. 문제는 어떻게 기다릴 것인가에 있다.

어떻게 기다릴 것인가

하나님을 기다리는 것은 아무 생각 없이 무기력하게 손 놓고 있는 것이 아니다. 우리는 확실한 믿음을 가지고 기다려야 한다. 즉, 기대하면서 기다려야 한다.

세상 사람들은 실체가 없는 요행, 행운을 기다리지만, 우리는 하나님을 기대하면서 기다린다. 그분이 주신 약속의 말씀을 붙들고 기다린다. 우리를 창조하신 하나님, 우리를 사랑하셔서 독생자 예수 그리스도를 내어주신 하나님께서 우리의 인생이라는 배를 가장 위대한 항구로 인도해주실 것을 믿고 기다린다.

그러나 신앙 연륜이 꽤 오래된 분들도 확실한 믿음을 갖고 기다리는 것이 쉽지 않다. 누가복음에 보면 제사장 사가랴가 천사로부터 "너에게 아이가 생길 것이다"라는 하나님의 메시지를 받는다. 그러나 그 말을 듣고도 정작 제사장 사가랴의 대답은 무덤덤했다. 자신과 아내가 다 나이가 많은데 어떻게 아이가 생기겠느냐는 것이다. 사가랴는 항상 성경을 읽고 기도하는 제사장, 즉 요즘으로 치면 목사였지만, 그의 실제 믿음은 그 정도였다. 사가랴처럼 신앙 좋은 사람도 정작 하나님의 응답이 주어지면 자기 상식의 한계를 벗어나지 못한다. 자신의 상처나 경험에서 벗어나지 못하는 것이다.

가만히 보면, 기도는 열심히 하지만 속으로는 안 될 거라는 믿음을 가진 크리스천이 은근히 많은 것 같다. 이들에게는 '기도를 해도 별 소용이 없을 것이다'라는 굳건한 믿음이 있다. 우리에게도 열심을 품고 기도하는 제목들이 있지 않은가? 하지만 어느 날 하나님께서 응답을 들려주시면 "하나님! 농담하지 마세요"라고 할지도 모른다. 우리에게는 이렇게 좋지 않은 습성이 있다. 기도가 그저 한풀이에 지나지 않는다. 나는 우리가 이런 한풀이 기도를 멈추고 100퍼센트 순도의 믿음으로 하나님을 믿고 기대하기를 바란다.

사실 우리 눈에 보이지 않을 뿐이지, 우리가 하나님께 기도하고 믿음으로 엎드린 순간부터 하나님의 응답은 시작된다. 다만 그것이 우리 눈에 보이는 역사로 나타날 때까지 시간이 걸릴 뿐이다.

요나가 폭풍우 이는 바다 가운데 빠져 큰 물고기에게 삼켜졌을 때, 그는 사는 것을 포기했을 것이다. 그러나 자기가 살아났다는 것을 안 순간, 그렇지만 그곳이 컴컴한 물고기 배 속이라는 것을 안 순간 요나는 하나님 앞에 영혼을 쏟아내는 회개의 기도를 드렸다. 3일 밤낮을 그렇게 했다.

마침내 물고기가 그를 토해냈을 때, 그곳은 요나가 처음 떨어진 바다 한가운데가 아닌 해변가였다. 그 말은 요나가 물고기 배 속에 들어가 기도하기 시작한 순간부터 3일 동안 하나님께서 물고기를 해변가로 이동시키고 계셨다는 얘기다. 요나만 몰랐지 응답은 이미 시작되고 있었던 것이다. 내 방법으로 응답을 안 하실 뿐이지, 하나님은 그분의 때에 그분의 방법으로 반드시 응답하신다.

미국의 유명한 부흥사였던 오럴 로버츠 목사는 항상 이렇게 설교하곤 했다.

"매일 기적을 기대하십시오. 당신이 기도할 때는 기적을 기대하십시오. 하나님께서 당신을 위하여 길을 찾아주시고, 매일 기적을 행해주실 것을 기대하십시오."

성경은 하늘의 초자연적인 능력이 폭발하고 있는 책이다. 예수님의 삶은 기적의 연속이었다. 그분은 하나님의 기적을 행하셨다. 하나님은 못 하시는 것이 없으신 분이니, 그 하나님을 믿는 내게도 불가능이 없을 것이다.

믿음의 사람들은 인생의 벽에 부딪쳤을 때 절망하는 것이 아니라 오히려 흥분하고 기대한다. 우리의 끝이 하나님의 시작이 되실 것이기 때문이다. 우리의 불가능이 예수님이 개입하실 최고의 타이밍이다. 주님이 무대에 등장하셔서 하늘의 영광과 능력을 보이실 때다. 우리가 하나님을 믿을 때 천군천사들이 출동하기 시작하며, 주께서 마귀에게 역습을 가하시고 판세를 바꾸실 것이다.

주님과 동행하는 삶은 될 수도 있고 안 될 수도 있는 아리송한 것이 아니다. 주님은 실수가 없으시다. 하나님의 말씀은 모든 순간, 모든 상황 속에서 이뤄질 것이다. 내가 믿기만 한다면 말이다.

모든 상황 속에서 하나님을 믿으면 모든 것이 기적이 될 것이다. 만약 우리의 삶을 주께 맡기고 온전히 믿는다면, 예수님의 손이 우리의 삶 구석구석에서 역사하시는 것을 느끼게 될 것이다. 가장 소소한 일에서부터 가장 크고 심각한 문제에 이르기까지, 주님의 기적 같은 능력을 체험하게 될 것이다. 주위의 모든 사람들이 우리에게 부어지는 주님의 능력을 보면서 입을 벌리고 놀라게 될 것이다. 오직 주님을 믿으라!

무대 뒤에서 일하시는 하나님

대형 뮤지컬을 보면 그 엄청난 장면들이 금방금방 바뀌고, 많은 배우들이 홀로 몇 가지 역들을 맡아 계속 의상을 바꿔가며 다양하게 바뀌는 조명과 음악들과 함께 나왔다가 사라진다. '어떻게 저렇게 기가 막히게 만들까?' 감탄이 절로 나온다. 언젠가 뮤지컬을 만드는 스테이지 팀에 대한 TV 다큐멘터리를 본 적이 있다. 관객의 눈에는 보이지 않지만, 무대 뒤나 커튼 뒤에서 수많은 스태프들이 감독의 지휘 아래 쉴 새 없이 바쁘게 움직이고 있다. 그러니까 우리가 그토록 역동적이고 재미있는 뮤지컬을 감상할 수 있는 것이다.

하나님이 바로 '인생'이라는 무대 뒤의 감독 같으시다. 보이지 않지만, 그분은 나를 위해 대적들과 대신 싸우고 계시며, 내 앞길의 가장 작은 사건 하나까지도 나를 위해 준비하시며 조율하고 계신다.

크리스천의 삶에 우연은 없다. 우리 생각에 단순히 운이 좋아서 된 사건들도 실은 하나님이 다 준비하시고 기회의 문을 열어주셔서 된 것들이다. 우리가 영적인 눈을 가지고 하나님이 보이지 않는 무대 뒤편에서 얼마나 바쁘게 일하고 계신지를 보게 된다면 우리는 안심할 수 있다. 우리가 알지도 못하는 먼 미래에까지, 하나님은 우리 인생의 로드맵을 그리며 준비하고 계신다. 살면서 무엇이 절실히 필요할 때마다 꼭 필요한 타이밍에, 꼭 필요한 장소에서, 꼭 필요한 사람을 만나 도움을 받게끔 역사의 끈들을 하나하나 섬세하게 연결하고 계신다. 그리고 어느 순간이 되면 우리 모두가 하나님이 무대 뒤에 준비하신 놀라운 역사의 열매를 보게 될 것이다.

중국에는 모죽(毛竹)이라는 대나무가 있다. 땅에 심긴 후 처음 4,5년 동안은 간신히 땅 위로 모습만 보일 정도다. 그러나 보이지 않는 땅 속에서는 뿌리가 왕성하게 자란다. 뿌리들이 다 자리를 잡고 나서 5년째 되는 해에 비로소 싹을 틔우기 시작하는데, 싹이 나온 후에는 하루에 수십 센티미터씩 쑥쑥 자라서 단 6주 만에 30미터 높이까지 성장해 가장 굵고 우람한 대나무가 된다고 한다.

대나무 중 최고로 치는 모죽은 5년 동안 자라지 않았던 것이 아니다. 땅속에서 뿌리를 4킬로미터 정도로 깊이 내리면서, 도약을 위한 준비를 차근차근 하고 있었던 것이다. 그리고 때가 오면 다른 어떤 식물보다 빨리 그리고 높이 커 나간다.

우리 인생에서도 너무나 오랜 시간 동안 아무 발전이 없던 영역에서 하나님의 기름 부으심이 폭포수처럼 팍 터지는 때가 있다. 하나님의 일을 하다가 너무 견디기 힘들어서 죽고 싶도록 어려울 때, 우리가 낙담하고 포기하려는 그 순간에도, 하나님나라의 뿌리는 우리를 통하여 계속 자라고 있었기 때문이다.

나쁜 기대감을 떨쳐버려라

살다 보면 문득 미래에 대한 까닭 없는 두려움이 은근히 몰려오는 때가 있다. 그럴 때는 모든 상황을 안 좋은 쪽으로만 해석하게 된다.

"아침 먹다가 커피를 엎질렀어. 오늘 나한테 무언가 안 좋은 일이 생기려고 이러나…."

"직장 동료가 오늘 해고됐어. 다음은 내 차례인 것 같아."

"믿고 사랑하던 사람이랑 헤어졌어. 이렇게 가다간 평생 결혼도 못하는 것 아닌가 몰라."

"옆집 아이가 직장을 못 구하고 있어. 우리 아이보다 훨씬 좋은 대학을 졸업했는데 직장을 못 구한대. 내년에 졸업하는 우리 아이도 직장 못 구하면 어떡하지?"

"저번 교회에서 구역 식구한테 상처받고 떠나왔는데 이 교회에서도 그러면 어떡하지. 될 수 있는 대로 등록은 미뤄야지."

기대감이 없는 것보다 더 무서운 것은 나쁜 기대감, 즉 좋지 않은 일이 일어날 거라는 두려움을 갖고 사는 것이다. 하나님이 아니라 마귀가 자기 인생을 휘저어버릴 것 같은 두려움이라 해도 될 것이다.

크리스천으로서 이런 부정적인 생각에 빠지는 것은 정말 위험하다. 약속의 땅에 들어가기도 전에 부정적인 열 정탐꾼들은 "우리는 아낙 자손의 밥이 될 것이다"라고 했다. 그러나 우리는 마귀의 밥이 아니다. 우리는 예수님의 보혈로 거듭난 하나님의 자녀들이다. 주의 보혈이 지키는 우리를 악한 자는 만지지도 못한다. 성경은 "마귀를 대적하라 그리하면 너희를 피하리라"(약 4:7)라고 했다. 우리는 강하고 담대하게 예수님의 이름으로 우리 삶의 모든 영역에서 마귀를 몰아낼 능력을 받았다. 우리의 마음과 생각에서도 마귀를 몰아내야 한다. 하나님은 예레미야에게 이렇게 말씀하셨다.

여호와의 말씀이니라 너희를 향한 나의 생각을 내가 아나니 평안이요 재앙이 아니니라 너희에게 미래와 희망을 주는 것이니라 렘 29:11

우리를 위해서 독생자 예수 그리스도를 주신 하나님이 설마 우리 인생을 망치려고 하시겠는가? 하나님께서는 우리 인생을 향한 크고 놀라운 계획이 있으시다. 우리가 그 계획대로 꿈을 이루고 축복받으며 살기를 바라신다. 그렇게 할 수 있도록 모든 능력과 도움을 주실 것이다. 매일 하나님이 내 인생을 주장하시고, 내 미래를 주관하실 것을 믿고 선포하라. 하나님이 이끌고 가실 내 미래는 평안과 희망이 가득할 것을 선포하라.

미국의 한 유명한 영화 제작자의 인터뷰 영상이 기억난다. 그의 사무실에는 현재 제작 중인 영화 장면들의 스토리와 스케치 그림들이 사방에 카드로 쫙 붙어 있다. 관객들이 지루할 틈이 없도록 5-10분 단위로 계속해서 스토리에 변화와 반전을 준다고 한다. 질문자가 그 큰 블록버스터 영화를 제작할 때 어디서부터 어떻게 시작하느냐고 묻자, 제작자는 이렇게 대답했다.

"그건 간단합니다. 마지막 결론 장면을 정해놓는 게 제일 먼저입니다. 그 다음부터는 거꾸로 거슬러 올라가면서 영화를 만들어갑니다."

성경의 메시지도 이렇지 않는가? 요한계시록은 인류 역사의 마지막이 마귀 권세의 최후 심판, 이후에 임할 새 하늘과 새 땅, 어린양의 혼인잔치에 수많은 성도들이 초대받는 것이라고 말한다. 성도들의 마지막 장면은 이미 정해져 있다. 우리의 결론은 승리이다. 그러니 과정이 아무리 괴롭고 힘들더라고 절망해선 안 된다.

기도로 채워야 할 기다림의 시간

하나님을 기대한다는 것은 하나님을 기다리는 것이라고 했다. 기다리면서 우리가 해야 할 가장 중요한 일은 기도다. 바울은 "우리가 구하거나 생각하는 모든 것에 더 넘치도록 능히 하실 이에게"라고 했다(엡 3:20). '구하고 생각하는 것'이란 한 마디로 기도한다는 뜻이다. 하나님의 위대한 개입을 기대한다면 간절히 기도해야 한다.

하나님을 기대하는 사람은 기도를 멈추지 않는다. 기도는 우리가 설명할 수 없는 무한하고 신비한 힘을 갖고 있다. 기도는 우리의 창조자이시며 전능자이신 하나님과 우리를 연결해준다. 기도할 때 우리는 육체의 죄악을 내보내면서 하나님의 생기를 들이쉬게 된다. 성령은 우리와 하나님을 연결시킨다. 그래서 기도하면 성령충만하게 되고, 하나님의 임재를 느끼게 된다.

반대로 기도하지 않으면 우리는 하나님의 임재를 잘 느끼지 못하게 되고, 그렇게 되면 삶이 무기력해진다. 기도하지 않는다고 해서 하나님이 우리를 치시는 것은 아니다. 그러나 기도하지 않으면 삶의 모든 영역이 그날그날 필요한 하나님의 능력으로 채워지지 못하고, 마귀의 공격에 취약해진다. 우리 안에 있는 하나님의 능력은 우리가 날마다 기도하며 구할 때 새롭게 살아 역사한다.

우리 인생에 많은 장애물과 시련이 있다. 우리가 기도로써 하나님께 연결되어 있지 않으면 그 문제들이 우리를 지배하게 된다. 그러면 성령께서 우리에게 주시는 음성을 잘 듣지 못한다. 그러나 오직 주를 기다리고 그분을 갈망하는 자는 하나님의 위대한 개입을 체험하게 될 것이다.

내 영혼아 네가 어찌하여 낙심하며 어찌하여 내 속에서 불안해 하는가 너는 하나님께 소망을 두라 그가 나타나 도우심으로 말미암아 내가 여전히 찬송하리로다 시 42:5

만약 우리가 하나님의 능력이 우리 안에 역사하는 것을 소망한다면 당장 엎드려 기도하기 시작해야 한다. 하나님께 "나는 하나님을 믿습니다!"라고 고백하고, "하나님께서 나와 내 자녀의 인생을 통하여 크고 아름다운 일을 행하실 것을 믿습니다!"라고 선포하라. 그렇게 하나님께 기도할 때 소망을 말하게 될 것이며, 독수리가 날개 치며 올라감 같은 새 힘을 얻게 될 것이다. 달음박질하여도 곤비하지 아니하겠고, 걸어가도 피곤하지 않을 것은 날마다 기도를 통하여 새 힘을 얻기 때문이다.

또한 하나님의 능력이 우리 안에서 살아 역사하면 우리가 구하는 모든 기도가 이뤄지기 시작한다. '우리가 구하거나 생각하는 모든 것에'라는 말은 우리가 기도하고 소망한 것들을 하나님이 기억하시고 이뤄주신다는 뜻이다.

기도하면 그냥 응답이 아닌, 우리의 상상을 초월한 응답이 온다. "우리가 구하거나 생각하는 모든 것에 더 넘치도록"이라는 말씀대로, 내가 미처 구하지 못했던 것이지만, 응답을 받고 나서야 내게 정말 필요했던 것들이었음을 알게 되는 것까지 응답해주신다. 나는 1을 구했는데, 하나님은 100을 채워주신다. 넘치도록 풍성하게, 전혀 새롭고 예기치 못했던 보너스 복들이 내 삶에 차고 넘치기 시작한다.

하나님께서는 전혀 기대치 않았던 방법으로 순식간에 우리를 높이실 수도 있다. 1949년, 빌리 그래함은 아직 알려지지 않은 젊은 설교자였다. 그가 한번은 로스앤젤레스의 한 집회에서 설교를 했는데, 윌리엄 R. 허스트라는 신사가 그 설교를 듣고 깊은 감명을 받았다. 허스트는 미국

대도시들에 신문사들을 소유한 언론 재벌이었다. 허스트는 그의 설교에 깊은 감동을 받은 나머지 미 전역에 있는 자기 소유 신문사 주필들에게 연락하여 빌리 그래함 목사의 집회에 관한 기사들을 전면 기사로 내보내도록 했다. 그 다음주에 빌리 그래함은 순식간에 미 전역에서 유명 인사가 되었고, 그때부터 빌리 그래함의 집회 규모는 이전보다 훨씬 커져서 미국 대도시의 스타디움들에서 열리게 되었다.

중요한 것은 빌리 그래함이 자기를 홍보해 달라고 허스트를 찾아간 적이 한 번도 없었다는 사실이다. 허스트 스스로 은혜를 받고 자발적으로 홍보해준 것이다.

하나님이 우리를 높이고자 하실 때 그렇게 역사하신다. 자기 힘으로 하려 했다면 돈도 엄청나게 들고, 이 사람 저 사람 찾아다니며 아쉬운 소리를 하며 고생은 고생대로 하고 결과도 장담할 수 없었을 것이다. 그러나 하나님이 하시니까 돈 한 푼 안 들이고 순식간에 엄청난 광고가 나가서 그의 명성을 높여주었다.

이렇듯, 하나님께서는 인생의 결정적인 순간에 정확하게 필요한 사람을 만나게 하시고, 그를 통하여 이전에는 상상도 할 수 없었던, 우리의 노력과 재능으로는 도저히 갈 수 없는 높은 차원으로 우리를 끌어올려주신다.

훈련하고 준비하는 기다림의 시간

우리는 느끼지 못하지만, 하나님께서는 우리가 겸손히 하나님 앞에 엎드려 기도할 때부터 우리를 둘러싼 환경을 이미 축복의 땅, 약속의 땅으로 변화시키고 계신다. 문제는 언제쯤 우리가 하나님의 개입을 눈으로 볼 수 있는가이다. 왜 눈에 보이는 어떤 결과물이 팍팍 나타나지 않는가? 왜 이렇게 내 인생이 빨리 풀리지 않는가? 왜 이렇게 시간이 걸리는가?

그것은 하나님이 예비하신 축복을 감당할 만한 그릇으로 우리를 준비시키기 위해서이기도 하다. 모세는 어릴 때부터 출중한 인물이었지만, 하나님이 지도자로 세우신 것은 그가 80세가 된 후였다. 그때까지 모세가 아무것도 안 하며 기다린 것은 아니다. 처음 40년은 애굽의 왕자 수업을 통해서 정치, 경제, 문화, 군사 등 다양한 세상 학문을 공부했다. 다음 40년은 광야에서 낮아지는 훈련과 하나님을 깊이 예배하는 훈련을 하면서 장차 이스라엘 백성을 데리고 지나갈 광야의 모든 지형과 날씨, 그리고 여러 이방부족들의 특성을 익혔다.

이렇듯 하나님께서 기다리게 하신 시간은 공부하고 훈련하고 준비하는 시간이었다. 하나님이 일하시는 동안 우리의 믿음을 키우시기 위함이다. 하나님은 힘들고 지루한 광야의 시간을 통해서 우리의 인격을 다듬으신다. 인격은 깨지고 넘어지는 고난 속에서 성숙해진다.

주님은 복을 받을 만한 그릇으로 우리를 준비시키신다. 인격적으로, 신앙적으로 그릇이 안 된 사람이 축복을 받으면 타락하기 쉽다. 믿음과 인격의 그릇이 준비되지 않았는데 갑자기 돈이 생기면 돈 때문에 그 사람은 오히려 망하게 된다. 믿음과 인격이 제대로 갖춰지지 않았는데 결혼하게 되면 나도 고통이고, 남도 고통 속에 밀어넣게 된다.

하나님은 기다림의 시간 동안 우리만 준비시키는 게 아니라 우리 앞의 상황도 알맞게 준비시키신다. 이스라엘 백성이 약속의 땅에 들어갔을 때 만나가 그쳤는데, 그때가 막 추수 때여서 바로 약속의 땅 곡식을 먹을 수 있었다. 그것은 가나안 백성이 농사 지어 놓은 것들이었다. 또 그곳에는 이미 가나안 족속들이 만들어놓은 성읍들과 집들이 있어서 그대로 들어가 살기만 하면 되었다. 그래서 하나님께서는 "너희가 수고하지 아니한 땅과 너희가 건설하지 아니한 성읍들을 너희에게 주었더니 … 또 너희가 심지 아니한 포도원과 감람원의 열매를 먹는다"(수 24:13)라고 하셨다.

하나님은 한편으로는 우리의 미래를 위한 복을 예비하시면서 한편으로는 우리의 믿음을 단련시키시며 우리를 겸손하게, 예수님을 닮은 인격으로 준비시키신다. 그러므로 인생이 답답하고 힘들 때, 내 앞에 장애물들이 좀처럼 걷히지 않을 때, 우리는 더욱 겸손히 하나님 앞에 기도하며 인내해야 한다. 회개할 것을 회개하고, 정리할 것을 정리하며 하나님 앞에 엎드려야 한다. 그렇게 해서 하나님과 우리와의 관계만 제대로 회복되면, 그래서 하나님 보시기에 "그래, 너 이제 사람 됐다" 하시면, 우리 앞에 새로운 미래로 가는 문이 쑥 열리는 것이다. 그것을 믿고 의심하지 말기를 바란다.

예수님은 "새 포도주는 새 부대에 넣어야 할 것이니라"(눅 5:38)라고 하셨다. 새 술은 성령이 부어주시는 축복과 능력을 뜻하고, 새 부대는 우리의 마음 밭을 의미한다. 하나님이 주실 새로운 축복을 감당하게 하고자 하나님께서는 우리의 현재 상태를 완전히 개조하실지도 모른다. 많은 사람들이 자기가 살아온 방식의 기본 틀을 하나도 바꾸지 않고 하나님께 도와달라고만 한다. 그러나 총신이 휘어진 총으로 쏘면 아무리 명사수라도 목표물을 맞출 수 없다. 그래서 하나님께서 때로 휘어진 총신 자체를, 즉 우리가 익숙해 있던 기존의 틀을 고치시기도 한다.

하나님을 기대하는 시간 동안, 하나님께서는 우리의 현재 계획이 망하게 하실 수도 있다. 평생 같이 갈 것이라고 믿었던 사람들이 우리를 떠날 수도 있다. 전혀 생각지도 못했던 새로운 사람들이 와서 그 자리를 대신할 수도 있다. 하나님께서 우리를 생각지도 못했던 새로운 자리로 옮기실 수도 있다. 우리가 익숙한 방법을 버리고 새로운 방법을 배우게 하실 수도 있고, 우리의 전공 분야가 아닌 전혀 새로운 분야로 인도하실 수도 있다.

이 과정은 결코 쉽지 않다. 그래서 하나님을 기대하는 시간 동안 상황이 더 좋아지는 것이 아니라 점점 더 나빠지는 것처럼 보일 수도 있다. 하지만 그렇지 않다. 이런 혼란과 아픔들은 오히려 소망의 항구에 더 빨리 가고 있다는 뜻이다.

하나님을 기대한다는 것은 이렇게 나의 현재 상태를 하나님께서 마구 흔들어버리시거나 깨버리실 수 있음을 알고, 그럴 때 놀라거나 두려워하는 것이 아니라 하나님의 손에 자신을 맡기는 것이다.

함께 기대하며, 하나님의 영광을 체험하라

교회 안에서와 그리스도 예수 안에서 영광이 대대로 영원무궁하기를 원하노라 아멘

엡 3:21

교회는 그리스도의 몸이요, 그리스도는 교회의 머리이시다. 떼려 해도 뗄 수 없는 하나다. 하나님께서는 그리스도를 통하여 자신의 영광을 보여주셨고, 그리스도께서 머리 되신 교회는 그 하나님의 영광이 나타나는 곳이다. 교회 안과 그리스도 안은 하나님의 영광이 가장 강렬하게 나타나는 영역이다.

지난 10년 동안 나는 내가 섬기는 새로운교회 공동체 안에서 아름답게 변하는 수많은 성도들의 모습을 보았다. 많은 사람이 교회 안에서 예수님을 만나 구원 받았고, 차가워졌던 믿음이 회복되며 주님과의 첫 사랑을 되찾았다. 많은 이들의 상처와 아픔이 교회를 통해 치유되었으며, 그들 개인의 삶과 가정의 삶이 회복되었다. 수많은 성도가 예배의 감격을 누렸고, 기도와 찬양과 사역에 열정을 품게 되었다. 목사인 나부터도 너무나 많은 기적과 하나님의 은혜를 체험했다. 하나님께서는 우리가 생각했던 것보다 더 엄청난 은혜를 교회를 통해 부어주셨다.

거기에 하나님의 영광이 있었다. 우리 개개인의 미래는 교회 공동체의 미래와 함께 축복받게 될 것이다. 교회는 우리 모두가 함께 하나님의 기적과 축복을 기대하는 곳이며, 맛보는 곳이다. 교회와 그리스도는 신부

와 신랑으로 영원히 함께 거하며 하나님의 영광을 나타내게 될 것이다.

주님의 몸 된 교회의 지체들이여, 교회를 사랑하라. 교회를 위한 기도를 멈추지 말라. 교회를 자랑스럽게 여기라. 교회를 흔들려 하는 모든 악한 세력들에 맞서 깨어 기도하라. 교회가 하나님의 은혜 가운데서 건강하게 부흥할 때, 하나님의 초자연적 역사를 우리 개인의 삶에서도 경험할 것이다. 교회는 하나님의 위대한 개입을 함께 기대하는 곳이다.

CHAPTER 08

GOD'S MANAGEMENT

하나님의 마침표
새로운 시작점

너희는 이전 일을 기억하지 말며 옛날 일을 생각하지 말라
보라 내가 새 일을 행하리니 이제 나타낼 것이라 너희가 그
것을 알지 못하겠느냐 반드시 내가 광야에 길을 사막에 강을
내리니 장차 들짐승 곧 승냥이와 타조도 나를 존경할 것은
내가 광야에 물을, 사막에 강들을 내어 내 백성, 내가 택한 자
에게 마시게 할 것임이라   사 43:18-20

그런즉 누구든지 그리스도 안에 있으면 새로운 피조물이라
이전 것은 지나갔으니 보라 새 것이 되었도다   고후 5:17

우리가 자주 쓰는 말 중에

"끝내준다"라는 말이 있다. 어떤 일을 뛰어나게 잘한다는 뜻으로 쓰이는 말이지만, 말 그대로의 의미는 '끝마무리가 확실하다'라는 것이다. 진짜 일을 잘하는 사람은 일을 만드는 사람이 아니라 일을 끝까지 마무리하는 사람이다. 하나님은 자신을 가리켜 '알파요 오메가'라고 말씀하신다. 하나님은 한 번 시작하신 일은 확실히 끝을 내는 분이시기 때문이다. 하나님은 역사를 경영하실 때 마침표를 확실하게 찍으신다. 진정한 하나님의 자녀는 하나님의 마침표에 담긴 섭리를 알기에 기쁘게 그에 순종한다.

천지창조에 담긴 하나님의 마침표

창세기 2장에는 "천지와 만물이 다 이루어지니라"라고 되어 있다. 여기서 '다 이루어졌다'라는 말은 '완성되었다'(complete)라는 뜻이다. 하나님이 만드신 천지만물은 '아, 2퍼센트 아쉬운데…' 하는 부족함이 하나도 없이 완벽했다. 하나님은 6일 동안 천지만물을 완전하게 완성하셨다. 부족한 것이 하나도 없이 꽉 채워진 완성품이요, 불량품이 하나도

없는 최고품이다. 환경 파괴는 죄로 타락한 인간이 자연에 손을 대면서
부터 시작된 것으로, 오리지널 창조는 완벽했다. 태초에 하나님이 만드
신 천지만물, 타락하기 전 하나님의 영광으로 충만했던 인간이 다스릴
때의 천지만물은 완전했다.

성경은 하나님이 만드신 세상이 하나님 "보시기에 심히 좋았더라"라
고 선포한다. 이 말은 '완전했다'라는 의미로 번역해도 된다. 하나님께서
천지를 창조하신 후 "품질 테스트 끝!" 하시면서 마침표를 찍어주신 거
다. 창조는 완전했다. 하나님은 완성된 완전체의 천지창조를 주셨다.

"닭이 먼저냐 달걀이 먼저냐"라는 질문의 답은 어렵지 않다. 분명하
다. 당연히 닭이 먼저다. 하나님께서 모든 만물을 완성시켜서 창조하셨
기 때문이다. 아담과 하와는 아기로 태어난 것이 아니라, 성숙한 어른으
로 창조되었다.

진화론을 주장하는 사람들은 원숭이의 유전자와 인간의 유전자가 구
십 퍼센트 이상 동일하다면서 "인간이 원숭이 형태로부터 진화했을 것이
다"라고 주장한다. 하지만 그게 사실이라면 인간은 지금도 더 나은 인
간으로 진화하고 있어야 하는데, 그렇지가 않다. 인간은 결코 원숭이와
같은 종(種)에서 진화하지 않았다. 인간은 더 이상 진화할 필요가 없는
하나님의 완성품으로써, 하나님의 마침표가 찍힌 채로 창조되었다.

하나님께서는 하나님의 '형상'(image)을 따라 사람을 만드셨다. 따라
서 인간은 하나님의 성품과 속성을 그대로 이어받은 유일한 인격체다.
모든 피조물 중에 유일하게 인간만이 하나님과 교제하며 사귈 수 있는

것이다. 오늘날 사람들이 이토록 악해지고 세상이 이토록 어지러운 것은 하나님이 세상과 인간을 불완전하게 만드셨기 때문이 아니다. 하나님은 완전하게 만드시고 마침표를 찍어주셨는데, 마귀가 죄로 인간을 타락시킴으로 이렇게 된 것이다.

죄를 지은 인간은 하나님의 형상으로써의 영광과 능력을 크게 상실했다. 그럼에도 불구하고 인간이 이루어낸 눈부신 정신문명, 물질문명을 보라. 이것은 처음 그대로, 하나님 형상으로써의 인간의 상태가 얼마나 놀라운 것이었는지를 추측하게 한다. 인류의 문명이 놀랍고 눈부시면서도 어딘가 2퍼센트 부족한 것, 항상 악과 부조리가 곳곳에서 드러나는 것은 사탄으로 인해 들어온 죄성이 그만큼 무섭다는 것을 증명한다.

이러한 죄의 문제는 우리가 겸손히 하나님께 회개하고 돌아올 때, 그래서 예수님을 믿고 거듭날 때 비로소 극복할 수 있다. 하나님을 믿지 않는 사람들은 죄 문제가 해결되지 않음으로 항상 스스로에 대해 만족하지 못한다.

'나는 왜 이렇게 키가 작지? 나는 왜 이렇게 못 생겼지? 나는 왜 이렇게 공부를 못 하지? 나는 왜 이렇게 가난한 부모 밑에서 태어났지?'

이런 생각들이 끊임없이 맴돈다. 그러면 다른 사람을 볼 때도 자신을 바라볼 때와 똑같이 불만족한 태도로 접근한다.

'우리 남편은 왜 저렇게 능력이 없지? 우리 애들은 왜 옆집 애들처럼 공부를 못하지?'

이런 생각들을 하면서 사니까 가슴에는 늘 비교의식과 불만족이 가득하다. 하나님은 우리를 완전하게 만들고 마침표를 찍으셨는데, 세상의 영이 우리에게 자꾸 뭔가 부족한 것처럼 '나는 왜 이것도 없고 저것도 없지' 하면서 물음표를 붙이는 것이다.

그러나 하나님을 믿고 거듭나면 그런 세상적 시각을 벗어버리고 영적인 시각으로 자기를 보게 된다. 하나님이 천지를 완벽하게 만드신 것처럼, 우리도 완전하게 만드셨다. 여기서 '완전하게 만드셨다'라는 것은 결점이 하나도 없다는 뜻이 아니라, 하나님의 목적에 부족함이 없도록 만드셨다는 뜻이다.

"우리는 그가 만드신 바라 그리스도 예수 안에서 선한 일을 위하여 지으심을 받은 자니"(엡 2:10).

여기서 '만드신 바'는 한 편의 시(詩)와 같은 걸작품(masterpiece)을 뜻한다. 우리는 예수 안에서 선한 일을 위하여 준비된, 하나님만이 아시는 어떤 거룩한 사명을 가지고 태어난 걸작품들이다.

완전한 말씀을 붙들라

오래전 미국 중서부 마을에 수잔이라는 소녀가 살았다. 그 마을은 대부분이 금발에 파란 눈을 가진 백인들이 사는 마을이었는데, 수잔은 희한하게도 브라운색 머리에 눈도 짙은 밤색이었다. 그래서 어릴 때부터 친구들의 놀림감이 되었다. 그러나 신앙심 깊은 수잔의 어머니는 날마다 그 아이에게 성경책을 읽어주고 기도해주면서 말했다.

"하나님께서 너에게 이런 외모를 주신 데는 반드시 우리가 모르는 크고 놀라운 뜻이 있을 거야. 너는 그리스도 예수 안에서 선한 일을 위하여 만들어진, 하나님의 걸작품이야. 기죽을 것 하나도 없어."

그렇게 신앙 깊은 어머니 밑에서 자라난 수잔은 커서 선교사가 되어서 중앙아시아 지역으로 파송되었다. 그런데 수잔이 파송된 지역에서는 서양인들에 대한 배타심이 너무 강해서 그 어떤 백인 선교사도 오래 버티지 못하고 쫓겨나곤 하는 지역이었다.

그런데 수잔이 그 마을에 가니까 그렇게 서양인 선교사들에게 배타적이던 주민들이 거짓말처럼 따뜻하게 환대해주고, 수잔이 전하는 복음을 잘 받아들이는 것이었다. 나중에 알고보니, 수잔이 금발의 파란 머리 다른 백인들과 달리 동양인의 짙은 브라운색 머리에 브라운 색깔의 눈을 가졌기 때문이었다. 자랄 때는 그렇게 주변 친구들의 놀림거리가 되었던 수잔의 외모가 훗날 선교지에서 그토록 귀하게 쓰임 받을 줄 누가 알았겠는가. 수잔은 그때서야 하나님께서 "이 선한 사명을 위하여 자신을 걸작품"으로 만드셨음을 알고 하나님을 찬양하게 되었다.

세상 교육은 기계처럼 찍어내는 제품 같은 인간들을 만들지만 하나님은 세상에 단 하나밖에 없는 걸작품으로 우리를 만드셨다. 그리고 우리만이 할 수 있는 사명을 준비하셨다. 그리고 "그 사명을 감당하기에 넌 완벽해"라고 하시면서 마침표를 찍으셨다. 창공을 나는 독수리를 보면서 누가 "독수리는 다 좋은데 수영을 못 하는 게 흠이네"라고 한다면 그 사람은 이상한 사람이다. 왜냐하면 독수리는 하늘을 날라고 만들어졌지 바다를 누비라고 만들어진 존재가 아니기 때문이다. 독수리는 하늘을 나는 목적을 위해서는 완벽하게 지어진 존재다.

우리가 보통 아이들 평가할 때 "저 아이는 다 좋은데 이게 부족하네. 이 아이는 다 좋은데 이게 부족하네. 둘이 반반씩 섞어놨으면 얼마나 좋을까?"라는 말을 할 때가 있다. 그 말은 그 아이들을 만드신 창조주 하나님이 실수하셨다는 이야기다. 한 걸음 더 나아가, 우리가 만들었으면 더 잘 만들었을 거라는 이야기다. 하나님의 창조의 마침표에 우리가 감히 물음표를 다는 것이니, 얼마나 가당찮은 일인가.

하나님이 우리만을 위해 준비하신 사명을 우리의 한정된 시각으로는 당장 알 수 없다. 그래서 우리는 괜히 당장 눈에 보이는 세상의 시각으로, 그리고 옆의 이웃들과 자신을 비교하면서 열등감을 느낄 수도 있다. 그러나 그럴 필요 없다. 우리는 세상의 기준으로 옆의 사람들과 비교하면서 판정되는 것이 아닌, 우리 자신도 모르는 미래의 어느 순간 어떤 하나님의 사명을 위해서 준비된 완벽한 걸작품이기 때문이다. 하나님께는 그런 놀라운 계획이 있으시기에 우리 한 사람 한 사람을 보배롭고 존귀하게 여기신다. 그러므로 우리도 스스로를 존귀하게 여겨야 한다.

우리에게 주신 성경 말씀도 완전하다. 신구약 66권의 말씀은 부족함이 없다. 요한계시록 마지막 장에 보면 하나님께서 요한계시록으로 마침표를 찍으신 뒤에 이 성경 말씀에 더하거나 빼는 자는 무서운 심판을 받게 될 것이라고 말씀하셨다. 하나님이 주신 성경 말씀은 있는 그대로 완전하다. 하나님의 말씀이 불완전하다고 생각해서 자기 생각대로 말씀을 빼거나 더하면 영혼이 병든다. 이단들이 그렇게 생긴다.

우리에게 필요한 것은 새로운 말씀이 아니라 이미 주신 말씀에 대한 새로운 감동이다. 성령께서 말씀에 대한 새로운 감동을 주신다. 우리에게 들려주시는 하나님의 음성은 모두 하나님이 주신 성경말씀에 기초한 것들이다. 이미 주신 말씀이 완전한데 우리의 영안이 어두워서 그 보배로움을 다 보지 못할 뿐이다.

우리가 흔히 말하는 '은혜 받았다'라는 것은 성령의 감동으로 주신 말씀의 보배로움을 새롭게 깨달았음을 의미한다. 그러므로 '다른 복음'에 미혹되지 말고 이미 주신 완전한 말씀을 꼭 붙들고 순종하라.

십자가 사건에 담긴 하나님의 마침표

예수님의 십자가 사건에는 정말 파워풀한 하나님의 마침표가 담겨 있다. 주님은 십자가에서 돌아가시기 직전 "다 이루었다"(It is finished)라고 선포하셨다. 예수님이 십자가에서 완전하게 다 이루신 것은 무엇인가?

먼저, 예수님은 자신의 십자가 죽음을 통해 모든 인간의 죗값을 치르셨다. "다 이루었다"의 헬라어 '테텔레스타이'는 '완전히 값을 치렀다'라는 뜻인데, 고대 세계에서 상거래할 때 물건의 값이 완전히 치러졌을 때 사용되던 말이다. 죄는 죗값을 치러야만 해결되는데, 오직 하나님의 아들 예수님의 보혈만이 온 인류의 죗값을 치를 수 있다. 우리의 모든 죗값은 십자가에서 치러졌으므로 우리에게는 이제 완전한 자유가 주어졌다. 십자가는 죄의 노예가 되었던 우리의 과거를 완전히 끝내버리는 하나님의 마침표다. 자, 이 사실이 우리에게 어떤 의미가 있는가?

세상은 끊임없이 우리가 뭔가를 해야 인정받고 사랑받는다는 조건부 인생관을 우리에게 가르쳐왔다. 공부도 잘해서 어려운 시험을 패스하고, 사업도 잘하고, 봉사 활동도 열심히 해야 한다. 이렇게 끊임없이 뭔가를 이뤄야 인정받을 수 있었다. 그러다 보니까 하나님을 믿고나서도 뭔가 끊임없이 해야 하나님께 인정받을 수 있다고 생각한다. 주일예배에 잘 참석하고, 십일조 잘하고, 교회 봉사도 잘해야 한다. 이런 의무 중 하나라도 소홀히 하면 하나님의 축복권 밖으로 밀릴 것이라 생각한다.

또 우리가 작은 잘못이라도 범하면 거룩하신 하나님께서 우리를 벌하실 것이라고 두려워한다. 오래전 나는 어떤 분이 교회 사역을 많이 하시면서 "잘못 살았던 내 과거에 대한 죗값을 치르는 심정으로 사역을 한다"라고 말씀하시는 것을 들었다. 그 마음은 이해하지만 그건 잘못된 생각이다.

복음은 행위가 아니라 은혜다. 은혜는 100퍼센트 하나님이 무조건적으로 주시는 선물이지, 나의 행위로 쟁취해내는 것이 아니다. 우리가 아무것도 아닌 죄인이었을 때 하나님은 독생자 예수 그리스도를 우리를 위해 내어주실 정도로 우리를 사랑하셨다.

십자가는 우리의 과거와 현재와 미래의 모든 죄까지 다 씻어주신 하나님의 은혜의 마침표다. 우리가 하는 사역들은 다 그 은혜의 감격으로 기쁘게 하는 것들이지, 그 은혜를 얻어내기 위한 수단이 아니다. 우리의 죄 문제는 이미 예수님이 십자가에서 다 해결하셨다는 확신을 갖고 살아야 한다.

마귀가 성도들을 괴롭히는 강력한 무기 가운데 하나는 과거의 잘못을 계속 상기시키며 죄책감을 느끼게 하는 것이다.

"네가 지금 아무리 그렇게 거룩한 척해도 네가 그때 저지른 잘못이 없어지는 건 아니야."

이런 식의 메시지를 계속 주입하여 우리의 기를 죽인다. 그러나 그때마다 십자가에 담긴 하나님의 마침표를 선포하라.

"마귀야, 네가 틀렸다. 내 죄가 주홍같이 붉은 것은 맞지만 십자가에서 주님이 눈같이 희게 해주셨어. 너는 더 이상 그런 죄책감으로 나를 무너뜨리지 못한다."

죄를 가볍게 생각하라는 게 아니다. 죄는 정직하게 고백하고 하나님 앞에 회개해야 한다. 그러나 그 과정이 진실하게 끝났다면 하나님께서 그 아픈 과거에 은혜의 마침표를 찍어주신 것을 믿으라. 이제는 그 은혜의 마침표에서 자유를 누리고 살면 된다. 더 이상 과거의 죄의 무게는 없다. 십자가의 능력이 내 안에 있다. 우리는 다시 일어날 수 있다.

또한, 십자가에서 주님이 찍으신 마침표는 지금까지 우리를 죄의 노예로 삼아오면서 하나님의 역사를 방해해왔던 사탄의 세력이 패배했음을 뜻한다.

"다 이루었다!"

주께서 십자가에서 그렇게 선포하셨을 때, 마귀는 치명타를 맞고 무너졌다. 오늘날 세상이 너무 악하고 사는 게 힘드니까 크리스천으로서

기가 죽는 경우들이 있는데, 그래선 안 된다. 십자가에서 마귀는 이미 치명타를 맞고 무너졌고, 마귀의 모든 세력은 곧 멸망당하게 될 것이다. 우리는 이미 우리의 승리로 결론이 난 전쟁을 싸우고 있는 것이다.

새벽 안개가 아무리 자욱해도 해가 뜨면 금방 사라져버리듯이 지금은 어둠의 세력이 세상을 다 장악하고 있는 듯해도 주님이 다시 오시는 그날, 마귀는 사라지고 우리는 승리의 노래를 부르며 천성으로 들어가고 있을 것이다.

그러니 강하고 담대해야 한다. 조금만 힘든 일이 생기면 마귀가 우리 귀에 대고 "넌 이제 끝났어"라고 속삭일 것이다. 그때마다 마귀에게 이렇게 되받아주라.

"끝난 건 내가 아니고 너야. 2천 년 전 갈보리 십자가에서 주님이 너희 마귀들을 패배시키셨지. 더 이상 네 거짓된 협박은 안 통해! 나사렛 예수의 이름으로 물러가라!"

마침표 이전의 일들에서 벗어나라

지난 몇 년 동안 우리 사회에는 복고 열풍이 불었다. 통기타 문화인 쎄시봉 열풍을 시작으로, 젊은 가수들은 70-80년대 노래들을 리메이크하고, 한국의 고난의 현대사를 담아낸 영화 〈국제시장〉이나 〈응답하라 1988〉시리즈가 유행했다. 과거로 돌아가 잊고 싶은 자신의 과거를 바꾸는 판타지물도 많이 나왔다.

이처럼 우리 가슴속에는 과거를 미화하고 동경하는 향수(nostalgia)가 있다. 요즘처럼 현실이 힘들수록 그 증상은 더 심해진다. 물론 가끔씩은 우리가 잊고 살아온 과거의 향수에 젖는 것도 어쩔 수 없다 처도 그게 너무 심해지면 안 된다.

우리가 과거를 사랑하는 이유는 과거에 친숙하기 때문이다. 그래서 우리는 그런 과거를 실제보다 더 아름답고 따스한 그림으로 만들어서 '다시 돌아갔으면 좋겠다'라고 동경한다.

또한 우리가 과거를 사랑하는 이유는 우리가 모르는 낯선 미래에 대한 주저함이 있기 때문이다. 나이가 들수록 다가오는 미래의 변화들을 두려워하고 싫어한다. 그래서 역반응으로 과거에 집착하게 되고, 아련한 과거는 비현실적 환상의 옷을 입게 되어 '가난했지만 그때가 좋았는데'라는 생각을 하게 한다.

과거로 돌아가고 싶은 생각은 우리를 약하게 만든다. 손가락을 빠는 나이가 지났음에도 불구하고 계속 손가락을 빠는 어린이나, 나이가 들었는 데도 어디를 가나 담요를 들고 다니는 어린이들이 있다. 심리학적 표현을 빌리자면 '병적 애착에 의해 그 당시에 고착된 경우'라고 할 수 있다. 이들은 불확실한 미래에 대한 두려움 때문에 과거를 그리워하고 그리로 되돌아가려고 한다. 그러나 우리는 결코 되돌아갈 수가 없다. 시간의 주인이신 하나님께서 우리의 과거에 마침표를 찍으셨기 때문이다.

우리가 비전을 붙잡고 살지 않고 추억으로 살기 시작하면, 살기를 중단하고 죽기를 시작하는 것과 같다. 하나님의 이름은 "나는 스스로 '있던' 자"(I am that I was)가 아니라, "나는 스스로 '있는' 자"(I am that I am)이다. 하나님께서는 바로 이 순간, 지금 여기에서 일하고 계신다. 살아 있다는 것은 온전히 현재를 살아간다는 것이며, 미래로 전진하는 것이다.

과거에 대한 비현실적인 그리움을 가지는 것도 문제지만 과거의 상처에서 벗어나지 못하는 것도 문제다. 많은 걸프전 참전 미군들이 고국으로 돌아와서도 전쟁터에서 겪었던 트라우마로 인해 정상적인 삶을 살기를 힘들어 했다. 그런데 우리도 그렇다. 인생에서 너무 힘든 실패나 좌절과 고통을 겪으면 그 충격에서 좀처럼 빠져나오지 못한다. 한 번 사람에게 배신당한 경험은 좀처럼 새로운 사람에게 마음을 열지 못하게 한다. 한 가지 일에서 실패한 경험으로 인해 다시 새로운 일에 도전하기를 두려워하게 된다. 과거의 실패를 반복할 것이 두려운 것이다. 이렇게 과거의 상처를 너무 붙들고 있으면 과거에 대한 지나친 그리움을 가진 사람과 마찬가지로 과거의 노예가 되어 미래로 나가지 못한다.

나도 지난 30년 동안 목회자로 살아오면서 수많은 실패와 아픔을 겪었고, 사람들에게 배신과 공격도 많이 당했다. 그러면서 가슴에 무수한 상처들이 남았다. 10년 이상 목회생활하면서 가슴에 시퍼런 피멍 몇 개 안 든 목회자가 세상에 어디 있을까. 그 상처들은 세월이 지난다고 해서 쉬 없어지는 것이 아님을 나는 안다.

아픈 과거가 준 상처는 오직 하나님께서만이 치유해주실 수 있다. 자꾸 본인의 의지로 극복하려고 하지 말고, 자신의 과거의 상처와 아픔을 하나님 앞에 정직하게 내어놓고, 예수님의 보혈의 능력으로 치유해주시기를 기도하라. 그러면 하나님께서 반드시 응답해주실 것이다. 예수님의 보혈이 우리 과거의 상처를 치유해주실 때, 비로소 우리의 과거에 확실한 하나님의 마침표가 찍히는 것을 느낄 것이다.

주님은 "이전 일을 기억하지 말며 옛날 일을 생각하지 말라"(사 43:18)라고 말씀하신다. 과거에 집착하지 말라. 성공도 실패도, 기쁨도 아픔도, 과거는 과거일 뿐이다. 하나님께서는 "누구든지 그리스도 안에 있으면 새로운 피조물이라 이전 것은 지나갔으니 보라 새것이 되었도다"(고후 5:17)라고 말씀하신다. 하나님이 마침표를 찍으신 곳에 아쉬움의 쉼표를 찍지 말라는 뜻이다.

하나님께서는 이스라엘이 홍해를 건넌 뒤에 홍해를 도로 닫으셨다. 애굽으로 다시 돌아가지 말라는 거다. 또 요단강을 건넌 후에는 요단강을 그들 뒤로 닫으셨다. 이제는 광야 생활의 아픔으로 돌아가서는 안 된다는 뜻이다. 약속의 땅으로, 새로운 삶으로 가라는 거다.

예수님은 "쟁기를 잡고 뒤를 돌아보는 자는 하나님의 나라에 합당하지 아니하니라"(눅 9:62)라고 말씀하신다. 하나님께서는 항상 우리를 과거로부터 구출하려 애쓰셨다. 그리고 미래를 향해 끊임없이 손가락을 가리키며 앞을 보라고 일러주셨다.

교회는 결코 뒤로 돌아갈 수 없다. 물론 과거에서 배우는 것은 필요하다. 옛날의 승리들은 우리에게 영감을 불어넣어주고, 옛날의 실수들은 우리에게 경고를 주기 때문이다. 그러나 과거에 대한 비현실적인 집착이나 동경은 옳지 않다. 믿음의 영웅들은 그들 당시의 사람들이었지, 과거에 매여 산 사람들은 아니었다. 과거의 실패들과 과거의 성공들은 이미 하나님이 마침표를 찍으신 일들이기 때문에 더 이상 거기에 연연해선 안 된다. 우리는 오직 미래의 주인이신 예수님에게 시선을 맞추고 나가야 한다.

하나님의 시간표를 좇으라

전도서에 보면 "모든 것에는 때(season)가 있다"라고 했다. 기쁠 때가 있으면 슬퍼할 때가 있고, 지킬 때가 있으면 버릴 때가 있다고 했다. 하나님이 정하신 시즌들이 인생에 있고, 한 시즌에서 다른 시즌으로 넘어갈 때 하나님이 마침표를 찍으신다는 말이며, 그 마침표를 어겨서는 안 된다는 뜻이다. 지킬 때가 끝났고 버려야 할 때가 되었는데 여전히 버리지 못하고 지키려 한다면, 그것은 하나님의 마침표를 어기는 일이며 불행을 자초하는 일이 된다.

하나님이 아담과 하와를 결혼시키실 때 "이러므로 남자가 부모를 떠나 그의 아내와 합하여 둘이 한 몸을 이룰지로다"(창 2:24)라고 하셨다. 부모를 떠나라는 말은 싱글 때의 과거에 확실한 마침표를 찍으라는 말이다. 자신들도 그렇고 부모들도 그렇게 해야 한다. 결혼한 후에도 무슨 일만 생기면 부모에게 달려가서도 안 되고, 결혼한 자녀의 인생에 지나치게 간섭하려 해서도 안 된다. 그것은 하나님이 찍으신 마침표를 거역하는 일이다. 요즘 문제가 되고 있는 캥거루족이나 고부간의 갈등도 다 그 결과로 오게 된 고통들이다.

과거의 시즌을 확실히 마무리해야 그다음 시즌으로 힘차게 도약할 수 있다. 하나님이 마침표를 찍어버리신 과거를 계속 붙잡고 있으려 하면 그다음 시즌으로 가는 데 장애가 된다. 인생의 시즌 변화는 하나님이 내 인생에 보내신 마침표다. 하나님의 마침표는 마침표로 받아들여야 하는데, 그렇게 하지 못하고 내 마음속에는 계속해서 지난 시즌의 연장선으로 쉼표를 찍고 끌고 가려 하는 사람들이 있다. 지난 시즌의 사고방식과 마음가짐을 그대로 안고 새로운 시즌을 살려고 하는 건데, 이러면 자신을 포함한 모두가 고통스러워진다.

은퇴한 고위 공직자들에게서 이런 일들이 많이 보인다. 하나에서 열까지 모두 비서진들이 알아서 챙겨주는 생활에 익숙해진 습관에서 벗어나는 것은 정말 어렵다. 또 이민 가서 잘 정착하지 못하는 교포들 중에는 한국에서 잘 살던 추억을 잊지 못하고 한국식 정서로 외국에서 살려는 사람들이 대부분이다. 풍요의 시즌 동안 우리 안에 축적된 교만과 자존심을 완전히 내려놓지 못했기 때문이다. "내가 누군 줄 알고 이래"라는 생각을 버리라. 섬김을 받는 자리에서 섬기는 자의 자리로 내려오기만 하면 모든 게 쉬워진다.

적당한 성공에 안주하지 마라

우리가 하나님이 찍어주시는 한 시즌의 마침표를 받아들이지 못하는 것은 적당한 성공에 안주하고 싶어 하는 우리의 이기심 때문이기도 하다. 우리나라 중소기업들이 중견기업으로 성장하는 것을 기피하는 소위

'피터팬 신드롬'이 계속 심각한 문제로 거론되고 있다. 아이로니컬하게도 이 현상에 원인을 제공한 것은 정부의 적극적 중소기업 지원정책이다. 정부의 각종 중소기업 지원제도는 백 개가 넘고, 신용보증 규모는 세계 최고 수준이며, 관련 예산은 지난 20년간 약 80배 넘게 증가했다. 그런데 중소기업이 중견기업이 되면 정부의 이 모든 각종 세제 및 재정 지원이 확 줄고, 오히려 규제는 늘어난다. 그래서 기업을 쪼개거나 성장을 기피해 중소기업으로 남으려는 병폐가 생긴 것이다. 이로 인해서 나라의 경제구조가 굉장히 취약해져 있다. 기업들이 다 성장하고 싶어 한다지만, 정작 성장의 대가를 치러야 할 시점이 되면 다들 거기서 멈추려 한다.

이것은 비단 기업들에게만 국한된 일이 아니다. 하나님이 한 시즌의 마침표를 찍으실 때는 반드시 새로운 시즌으로 우리를 옮기시는데, 지난 시즌이 좋으면 좋을수록 우리는 거기에 안주하려 한다. 하나님이 이 시즌의 마침표를 찍으실 때 받아들이지 않고 저항할 수 있다. "여기가 좋사오니" 하면서 옛 시즌에 머물고 싶은 것이다.

예루살렘 초대교회도 그랬다. 하나님이 부어주시는 성령의 은혜로 교회가 부흥하고 은혜가 충만하니까 그들은 너무 좋았다. 그러나 하나님의 뜻은 그들이 그 은혜의 힘으로 예루살렘을 벗어나 사마리아와 온 유대와 땅 끝까지 이르러 주님의 증인이 되는 것이었다. 그러나 그들은 사마리아로 가는 것을 주저하며 움직이지 않으려 했다. 할 수 없이 하나님이 핍박을 보내셔서 그들로 하여금 '사마리아 복음화'라는 새로운 시즌으로 가게 하셨다.

거기서도 머뭇거리자 하나님께서 빌립 집사를 뽑아내셔서 에티오피아 내시에게 복음을 전하게 하시고, 사울을 회심시켜 이방인 선교의 불쏘시개로 삼으셨으며, 베드로를 로마 백부장 고넬료에게 보내셔서 로마 복음화의 시즌으로도 움직이게 하셨다.

하나님의 마침표를 받아들이라

하나님이 한 시즌의 마침표를 찍으실 때는 새로운 시즌으로 보내시는 것이다. 새로운 시즌이 요구하는 헌신을 감당하기 부담스러워 하나님의 부르심을 거부해선 안 된다. 언젠가는 우리가 이 땅에서 일하고 싶어도 더 할 수 없는 때가 온다. 하나님께서 우리의 모든 사역을 중단하게 하시고, 심지어는 생명까지도 거두어가시는 때, 이 땅에서의 삶에 마침표를 찍으시는 때가 온다. 그때는 갈등 없이 순종해야 한다.

하나님의 사람 모세도 아직 정신이 또렷하고 육체도 강건했지만, 하나님이 약속의 땅에 못 들어가게 하시니 한 발자국도 더 갈 수 없었다. 하지만 모세와 히스기야의 다른 점은 모세는 조용히 하나님의 마침표를 받아들였다는 데 있다. 그 결과 이스라엘은 후계자 여호수아를 통해 '약속의 땅 정복'이라는 새로운 축복의 시즌으로 갈 수 있었다. 모세의 이름도 하나님나라의 역사에 길이 빛나게 되었다. 그러므로 풍요의 시즌 때도 늘 겸손해야 하며, 하나님이 그 시즌에 마침표를 찍으실 때 욕심을 버리고 무대에서 감사하며 내려와야 한다.

여기서 또 한 가지 명심할 것은 하나님이 마침표라고 생각하시는 지점과 우리가 마침표라고 생각하는 지점이 다를 수 있다는 사실이다.

성경은 "선 줄로 생각하는 자는 넘어질까 조심하라"라고 했다. 우리 생각에 마침표, 끝이라고 생각했던 것이 새로운 위기의 시작인 경우가 많다. 예를 들어, 많은 부모들이 수단과 방법을 가리지 않고 자식을 명문대만 보내면 그게 마침표인 줄 안다.

어떤 집에서 어린 아들을 미국으로 조기 유학 보냈다. 목표는 아이비리그 대학 입학이었고, 소원대로 아이는 명문대에 들어갔다. 그런데 신앙 기초가 없었던 아이는 미국 명문대에서 동성애와 마약을 배워 인생이 황폐해졌다. 많은 젊은이들이 결혼만 하면 끝인 줄 아는데, 진짜 어려움은 결혼하고 나서부터 시작된다. 많은 사람들이 돈만 많이 벌면 끝인 줄 아는데, 돈 벌고 나서 가정이 붕괴되고 여러 가지 어려움이 생기는 집들이 너무 많다.

요기 베라의 말처럼 "끝날 때까지는 끝난 게 아닌" 것이다. 그래서 뭔가 이루고 나서, 우리 생각이 "고지를 점령했다. 이제 끝이겠지"라고 교만해져서는 안 된다. 오히려 그때 겸손히 하나님께 엎드려 기도하라. 그러면 주께서 그곳이 진정한 마침표인지 아닌지를 알려주실 것이다. 죄 많은 이 세상, 주님 다시 오실 때까지는 안심할 수 없다. 늘 깨어 기도하며 살아가야 한다.

예수 그리스도 안에 머물라

지금까지 우리는 하나님의 마침표가 과거의 모든 상처와 교만으로부터 자유하게 하는 축복임을 배웠다. 하나님의 마침표가 우리가 예기치 못했던 때, 예기치 못했던 방법으로 찍힐 수도 있지만, 하나님을 믿고 순종하면 새로운 미래가 열린다.

그러나 우리는 옛 시즌에 마침표를 찍지 못하고 어기적거리는 경우가 많다. 그래서 하나님께서 급격하게 개입하셔서 우리의 등을 떠밀어 새로운 땅으로 급격히 보내버리시는 경우가 있다.

이백만이 넘는 이스라엘 백성이 애굽을 탈출할 때를 생각해보라. 그들은 하나님의 폭풍 같은 손에 밀려서, 단 며칠 만에 전광석화처럼 애굽을 빠져나왔다. 그렇게 하지 않았다면 4백여 년 넘게 정 붙이고 산 땅을 그렇게 나오기 힘들었을 것이다. 노예로 살았지만 그들은 애굽의 삶에 익숙해져 있었다. 광야생활 내내 애굽을 그리워하며 돌아가고 싶어 했을 정도로 그들 안에는 애굽의 흔적이 진득하게 남아 있었다. 그러니 하나님께서 그렇게 전격적으로 모세를 통해 이끌어내지 않으셨다면 출애굽은 아마 불가능했을 것이다.

물론 궁극적으로는 그것이 하나님의 축복이지만, 당장 하나님께서 우리가 익숙한 과거에 마침표를 찍어버리시고 폭풍같이 우리를 새로운 시즌으로 옮기실 때, 사실 그 충격을 감당하기가 쉽지는 않다. 충격이 너무 커서 하나님의 마침표를 축복이 아닌 재앙으로 오해할 수도 있다. 인생의 전환점을 지날 때 오는 충격을 이겨내고, 하나님의 마침표의 축복을 누리려면 항상 그리스도 안에 있어야 한다. 예수님은 십자가 죽음으로 가시기 전에 제자들에게 말씀하셨다.

내 안에 거하라 나도 너희 안에 거하리라 가지가 포도나무에 붙어 있지 아니하면 스스로 열매를 맺을 수 없음 같이 너희도 내 안에 있지 아니하면 그러하리라 요 15:4

예수님의 십자가 죽음으로 인하여 제자들의 삶은 완전히 달라질 것이었다. 그들은 옛 시즌에 마침표를 찍고 새로운 시즌으로 가야 했다. 구약 시대에서 신약 시대로, 율법의 시대에서 은혜의 시대로, 성막 시대에서 성령 시대로 가야 했다. 그 엄청난 시즌 변화의 충격을 제자들 자신들의 힘만으로 이겨낼 수는 없었다. 그들은 반드시 예수님 안에 있어야만 했다.

"예수님 안에 거하라"라는 말은 항상 주님과 교제하며, 주님과 동행하는 삶을 살라는 뜻이다. 그러면 성령께서 우리를 인도하시며, 하나님의 마침표가 찍힐 때마다 분별하게 해주실 것이다. 예수님 안에 깊이 뿌리내리지 않으면 하나님의 마침표가 폭풍같이 느껴져서 많이 놀라고 두려울 것이다. 그러나 예수님 안에 깊이 거하고 있으면 늘 강하고 담대한 마음을 유지할 수 있다.

내 인생을 돌이켜 봐도 그랬다. 내가 13세 때 우리 가족이 빈손으로 미국으로 이민 갔는데, 낯설고 말 설은 곳에서 가난한 목회자 가정이 적응하기란 정말 힘들었다. 처음 몇 년 동안은 자꾸 한국 생각이 났다. 우리 가족이 예수님 안에 거하지 않았다면 결코 당시 힘들었던 이민 생활에 적응하지 못했을 것이다.

10년 전, 오랫동안 부교역자로 편하게 사역했던 대형교회를 떠나 새로운교회를 개척할 때도 외롭고 두렵고 많이 힘들었다. 자꾸 전에 섬기던 교회 생각이 났다. 그때 정말 하나님 앞에 엎드려 간절히 기도했고, 온 마음을 쏟아 말씀을 묵상했다. 그렇게 예수님 안에 거하지 않았다면 그 폭풍 같은 시즌의 변화를 이겨내기 힘들었을 것이다.

하나님이 우리의 과거에 마침표를 찍으시고 새로운 시즌으로 옮겨 가시는 인생의 전환점은 우리에게 충격을 준다. 인간적 노력으로는 그 변화의 충격을 견디기가 쉽지 않다. 그러나 예수님 안에 있으면 이길 수 있다. 예수 안에 있으면 과거의 상처와 실패로부터도 자유할 수 있다. 예수님 안에 있으면 하나님께서 우리를 새로운 모험의 미래로 옮기실 때도 두려움 없이 따를 수 있다. 예수님 안에 있으면 하나님의 마침표를 감사함으로 순종하여, 승리하는 삶을 살 수 있다.

CHAPTER 09

GOD'S MANAGEMENT

하나님의 물음표

나를 되돌아보게 하는 도전

여호와께서 권능으로 내게 임재하시고 그의 영으로 나를 데
리고 가서 골짜기 가운데 두셨는데 거기 뼈가 가득하더라 나
를 그 뼈 사방으로 지나가게 하시기로 본즉 그 골짜기 지면
에 뼈가 심히 많고 아주 말랐더라 그가 내게 이르시되 인자
야 이 뼈들이 능히 살 수 있겠느냐 하시기로 내가 대답하되
주 여호와여 주께서 아시나이다   겔 37:1-3

사람들은 하나님께 수없이 많은
물음표(질문)를 던진다. 우리가 하나님께 물음표를 던질 때는 진짜 몰라서 물어보는 것이거나, "하나님, 제 인생을 왜 이렇게 힘들게 하십니까?"라는 억울한 하소연일 때가 많다. 특히 시편이나 선지서들을 읽어보면 "어찌하여(Why) 그렇게 하셨나이까"라면서 불만과 원망과 답답함을 터뜨리는 질문들이 아주 많다.

이처럼 우리가 하나님께 물음표를 던지는 때는 대부분 우리가 힘들고 어려울 때이다. 모든 것이 잘 풀릴 때 "어째서 우리에게 이렇게 축복을 주십니까?"라는 사람은 거의 없다. 축복은 당연한 것으로 생각하면서도 고난과 역경은 왜 받아야 하느냐며 하나님께 대든다.

생각의 관점을 한번 바꿔보자. 우리가 하나님께 던지는 물음표들은 잠시 접어두고, 성경 속에서 하나님이 우리에게 물음표를 던지시는 경우들을 한번 살펴보자.

하나님은 모든 것을 아시고 모든 것을 할 수 있는 분이시며, 우리처럼 감정에 휘둘리는 분이 아니시다. 그리고 하나님은 우리를 생명처럼 사랑하신다. 그러므로 하나님은 우리처럼 진짜 몰라서 물어보시는 것도 아니고, 억울하고 분한 감정을 하소연하기 위해 물으시는 것도 아니다. 하나님의 물음표에는 항상 하나님의 답이 있고, 거기에는 우리에게 주시고자 하는 깊은 영적 메시지가 있다. 그 보배로운 메시지를 어떻게 알 수 있는가? 우리가 예수님의 보혈로 거듭나고, 영적으로 성숙해질 때 성령의 감동으로 깨달아가게 된다.

우리의 영적 위치를 물으시다

"네가 어디에 있느냐?"

하나님이 먹지 말라고 금하셨던 선악과를 먹어버린 아담과 하와는, 그걸 먹으면 너희가 하나님처럼 될 것이라는 사단의 꼬임에 넘어가 넘지 말아야 할 선을 넘었다. 그런데 하나님같이 되기는커녕 자신들의 벌거벗음을 깨닫게 되면서 그들의 인생은 무너져 내린다. 이때 하나님께서 에덴동산으로 찾아오셔서 말씀하신다.

> 여호와 하나님이 아담을 부르시며 그에게 이르시되 네가 어디 있느냐 창 3:9

평소 같으면 "예, 저 여기 있어요. 하나님" 하며 신나게 달려갔을 아담이었지만 그날은 아니었다. 지은 죄가 너무 엄청나서 아담과 하와는 이제 하나님의 목소리에 사시나무 떨 듯 떨기 시작한다. 하나님은 변하시지 않았는데 자기들이 변해버린 것이다. 죄를 지은 후에는 하나님의 음성을 듣는 일이 세상에서 가장 무섭다. 하나님이 무서우니까 숨어버린다.

아담은 원래 이렇게 비굴하고 유약한 존재가 아니었다. 그는 하나님의 형상대로 창조된 아름답고 지혜로운 사람이었다. 천지를 다스리는 권한을 위임 받았기에, 땅의 모든 것들이 다 그의 것이었다. 게다가 왕의 왕이신 하나님과 늘 함께 교제하는 특권을 누렸다. 아담은 정말 당당하고 행복한 사람이었다.

그런데 죄로 인해 그 모든 것이 무너져 내리기 시작했다. 하나님께서 "아담아 네가 어디 있느냐"라고 물으셨을 때 아담이 진짜 어디 있는지 몰라서 물으신 게 아니다. 하나님께서는 이미 아담과 하와가 마귀의 유혹에 넘어가 선악과를 먹었다는 사실을 알고 계셨다. 알면서 물으시는 하나님 아버지의 마음이 얼마나 아프셨을까.

하나님은 우리에게도 "네가 왜 나를 피하여 숨느냐?"라고 물으신다. 우리도 어떤 사람이 나를 피하면 섭섭하고, 영문을 몰라 하지 않는가? 특히, 너무나 친했던 사람이 자기와 마주하기를 피할 때, 항상 집에 돌아오면 자기를 반겨주던 아이가 아버지를 피해 숨기 시작하면 무슨 문제가 있는 것이다. 하나님과 그렇게 친했던 인간이 하나님을 피해 도망하기 시작하면 하나님은 너무나 마음 아파하신다.

죄를 지으면 그 대상으로부터 도망하게 되어 있다. 국가에 죄를 지으면 정부의 눈을 피해 도망 다니고, 남에게 사기를 친 사람은 그 사람의 눈을 피해 도망 다니게 되어 있다. 가장 아름다운 교제를 나누었던 하늘 아버지로부터 도망하여 숨으려 하는 인간의 비참한 모습을 보라. 죄는 인간을 비참하게 만든다.

하나님은 그런 우리를 향해 "네가 나와 함께 서 있지 않고 어디에 서 있느냐?"라고 물으신다. 직장에서 일하다가 사고가 나면 사장이 와서 "담당자 어디 있어?"라고 묻는다. 그 자리에 있어야 할 사람이 없으면 문제가 생긴다. 그러나 하나님의 물으심에는 문책할 담당자를 찾는 사장보다는, 잃어버린 아이를 찾는 부모의 목소리가 더 강하다고 볼 수 있다. 분명히 그 자리에 서 있으라고 했는데, 부모 말을 듣지 않고 제멋대로 딴 데로 갔다가 나쁜 사람들에게 잡혀 가기라도 하면 그 아이가 겪을 고통을 아는 부모의 마음, 그것이 바로 "네가 어디 있느냐"라고 물으시는 하나님의 마음이다.

이 모든 사태의 발단은 인간의 욕심이었다. 에덴동산의 아담에게 주어진 자리는 하나님의 권세를 위임받아 에덴동산을 관리하는 자리였다. 그러나 피조물인 아담이 뱀의 거짓말에 속아 창조주 하나님의 자리를 넘보게 된다. 이 욕심이 아담을 망하게 한 것이다. 밥알이 밥그릇에 소복이 담겨 있으면 아름답지만, 사람 이마에 가서 붙어 있으면 추해 보인다. 인간이 피조물의 자리를 떠나 창조주의 자리로 뛰어오르려 하니까 너무나 추해지는 것이다.

만약 아담이 욕심부리지 않고 자신의 자리를 지켰다면 그는 에덴동산에서 영원히 행복하게 살 수 있었을 것이다. 그러나 아담은 자신이 있어야 할 피조물의 자리를 이탈했고, "아담아, 네가 어디 있느냐"라는 하나님의 질문에 대답할 수가 없었다. 그는 죄를 지음으로 하나님과 떳떳이, 자유롭게 교제할 수 있는 거룩을 잃었다. 그것은 하나님의 자녀가 있어야 할 자리를 떠나는 것이다.

욕심이 잉태한즉 죄를 낳고 죄가 장성한즉 사망을 낳느니라 약 1:15

하나님은 우리가 하나님 자녀의 자리에 서 있기를 원하신다. 마귀의 유혹에 휘둘리지 않고 오직 하나님의 음성만 듣고 순종함으로 살아가는 하나님의 자녀 말이다. 하나님 자녀의 자리에 제대로 서 있으면 가정도 흔들리지 않는다. 그러나 죄 지은 아담이 그 자리를 이탈하면서 남편으로서의 권위도, 아버지로서의 권위도 상실하여 가정도 병들기 시작했다. 아내 하와는 같이 죄를 지어놓고도 자신에게 책임을 전가하는 비겁한 남편을 더 이상 존경하지 않았고, 그들 사이에서 태어난 가인과 아벨 형제는 서로 죽이기까지 할 정도로 분열이 극심했다.

그뿐 아니다. 아담이 하나님의 자녀의 자리를 이탈하니까, 만물의 영장으로 세상을 다스리던 권위도 흔들려서 그때부터는 자연을 다스리는 게 아니라 자연과 싸워야만 살 수 있게 되었다. 우리가 하나님의 자녀의 자리를 이탈하면 세상에서 우리의 위치도 형편없이 흔들리게 된다. 그래서 "네가 어디 있느냐", 즉 하나님 자녀의 위치에 제대로 서 있느냐는 하나님의 물음표가 중요한 것이다.

하나님은 지금도 우리에게 "네가 어디 있느냐"라는 질문, 우리의 영적현 위치를 확인하는 질문을 끊임없이 던지신다. 하나님을 모르는 사람들은 죄의 길을 벗어나서 하나님을 믿고 구원받은 백성의 자리로 돌아와야 한다. 하나님을 믿으면서도 때로는 마귀의 속삭임에 미혹되어 하나님으로부터 멀리 떨어져 나갔던 사람들은 다시 첫사랑을 회복하고 하나님 곁으로 돌아와야 한다. 하나님과 아무 거리낌 없이 깊이 교제할 수 있는 그 자리로 다시 돌아와야 모든 것에 질서가 회복될 것이다.

하나님의 관점으로 올려주시는 물음표

구약성경에 나오는 욥은 큰 부자이면서 훌륭한 자녀들도 열 명이나 두었고, 무엇보다도 하나님을 잘 섬겼던 의인이었다. 그러던 그에게 어느 날 갑자기 무서운 재난이 밀어 닥쳤다. 그 많던 자녀와 재산을 다 잃고, 건강까지 잃어 병에 걸렸다. 그러자 욥의 부인까지도 욥을 저주하는 참담한 상황에 이르렀다. 게다가 욥을 위로한답시고 찾아온 세 친구들은 자기들의 논리로 욥의 고난을 함부로 해석하며, 죄로 인해 벌을 받는 것이니 회개하라며 욥을 몰아붙였다.

너무나 화가 난 욥은 자신이 결코 하나님의 벌을 받을 만한 죄를 짓지 않았다며 자신의 억울함을 호소한다. 욥은 자신의 순전함을 강조하면서 어째서 하나님이 자신에게 이런 고통을 허락하시는지를 묻는다. 이렇게 욥과 친구들이 언쟁을 벌이고 있는 상황에 하나님께서 폭풍 가운데 임하사 말씀하신다.

무지한 말로 생각을 어둡게 하는 자가 누구냐 욥 38:2

이 질문을 시작으로 하나님께서는 무려 70여 개나 되는 질문들을 속사포처럼 욥과 친구들에게 퍼부으신다.

"내가 땅의 기초를 놓을 때 너는 어디에 있었느냐? 누가 땅의 크기와 규모를 정했는지 너는 아느냐? 바닷속 깊은 물 밑으로 걸어 다녀 보았느냐? 흰 눈을 쌓아둔 곳간에 들어간 적이 있느냐? 누가 광야에 비를 내리게 하는지, 이슬방울은 누가 낳았는지 아느냐? 누가 별자리들을 제때에 이끌어내는지 아느냐? 누가 사자와 까마귀 새끼들의 먹이를 마련해 주는지 아느냐? 산 염소와 암사슴은 어떻게 출산하는지 아느냐?"

하나님의 질문들은 하나님께서 우주 만물과 자연 생태계를 어떻게 창조하고 다스리시는지를 아느냐는 것이다.

하나님의 질문들의 내용은 어찌 보면 욥의 질문과 전혀 초점이 맞지 않는 것들이다. 욥은 자신이 왜 이렇게 고난을 겪어야 하는지에 대한 억울한 마음으로 하나님의 설명을 요청했다. 그런데 하나님께서는 그에 대한 대답 대신 하나님이 지으신 창조세계의 신비를 아는지 질문하신다.

하나님의 질문들은 천문학, 지질학, 동식물학의 대가들도 다 대답할 수 없는 엄청난 내용들로, 피조물인 인간의 지식과 능력으로는 도저히 대답할 수 없는 것들이다. 이 질문들을 던지신 이유는 간단하다. 인간이 아무리 잘난 척해도 하나님과 인간 사이에는 엄청난 차이가 있다. 욥은 피조물로서 자기가 얼마나 무지하고, 반대로 하나님은 얼마나 크신 분인지 알아야만 했다. 욥은 자기 인생의 문제만 가지고 씨름하고 있었지만, 하나님께서는 모든 창조세계의 질서와 수많은 인생들의 인생이 함께

조합되며 거기에 마귀의 세력과의 영적 전쟁까지 포함되는 거대한 그림 아래에서 욥의 인생을 보고 계신다. 퍼즐 한 조각만 들고는 그게 무슨 그림인지 모르지만, 모든 퍼즐을 다 붙여놓고 보면 전체 그림이 보인다. 이처럼 자신의 인생만 바라보는 편협한 시각으로는 인생 전체를 제대로 이해하지 못한다.

그러므로 우리의 가슴속에 "왜 하나님이 내 인생에 이렇게 힘든 일이 있게 하셨습니까?"라는 불만의 물음표가 가득할 때, 우리는 한 발자국 뒤로 물러서야 한다. 우리가 알지 못하는 거대한 하나님의 섭리가 있음을 인정하고, 하나님 앞에서 말하기보다는 엎드려 침묵하고 들어야 한다. 진리는 탐구에 의해서가 아니라 계시에 의해 깨달을 수 있다. 지금은 우리가 모르는, 천국에 가서야 알 수 있는 하나님의 큰 그림이 분명히 있다.

하나님은 욥이 바랐던 것처럼 욥의 고난에 대한 구체적인 이유를 설명해주지 않으셨다. 또 친구들이 기대했던 것처럼 욥을 책망하지도 않으셨다. 욥의 질문에 질문으로 답하시는 하나님께서는 우리가 인간의 관점으로만 인생을 보지 말고, 깊고 신비한 하나님의 관점으로 바라볼 것을 도전하신다.

시편 73편에 보면 억울한 고난의 이유를 알 수 없어 괴로워하던 사람이 '주의 성소에 들어갈 때에야 깨닫게 되는' 영적인 어떤 것이 있다고 말하는 내용이 나온다. 욥도 속사포처럼 쏟아지는 하나님의 질문들을 묵상하다가 거기에 담긴 하나님의 뜻을 알게 되었다. 내가 모르는 크고 아름다운 하나님의 뜻이 있다는 것이다. 그 즉시 욥은 물음표 던지기를 중단하고 하나님을 전적으로 신뢰하기로 결단한다. 이 과정에서 욥은 그를 붙드시는 예수 그리스도를 발견하게 되었다. 이것은 하나님이 원하셨던 가장 보배로운 경험이다.

> 내가 알기에는 나의 대속자가 살아 계시니(I know that my Redeemer lives) 마침내 그가 땅 위에 서실 것이라 욥 19:25

친구들마저 자신을 정죄하자 욥은 잠시 절망에 빠졌다. 그러나 그는 다시 일어나 대속자 예수님을 붙든다. 모든 사람과 악한 세력이 정죄할 지라도 그리스도의 십자가 사랑 안에 있는 사람은 하나님께 의롭다고 칭함 받은 자다. 모두가 자신을 죄인으로 정죄하고 떠났을 때 욥은 오직 자신의 의로움을 증명하실 수 있는 대속자이신 하나님께 나아간다. 그때 하나님이 보내신 대속자 예수 그리스도의 십자가 보혈이 우리를 살린다. "왜 내 인생을 이렇게 힘들게 하십니까?"라는 욥의 물음표는 그리스도 안에서 완전히 해결된다.

우리가 성경을 공부하면서 지식적으로 만나는 예수님과 불같은 고난 속에 온 영혼이 부서지면서 체험하는 예수님은 완전히 차원이 다르다.

억울한 죄목을 뒤집어쓰고 명예와 재산을 다 잃은 채 감옥에 갇혔던 분의 간증을 들어본 적이 있다. 그는 온 세상이 자신을 조롱하는 것 같은 그 외롭고 참담했던 시간에 성경을 읽다가 예수님을 새롭게 만났다고 했다. 어릴 때부터 교회를 다니긴 했지만 예수님을 그저 지식적으로만 알다가 인생이 나락에 떨어져서야 자신을 위해 돌아가신 예수님의 십자가 사랑을 체험하고 통곡하며 울었다고 했다. 예수님을 그렇게 새롭게 만나고 나니까 모든 억울함과 분노와 답답함이 다 녹아내리고 마음에 평안함이 오더라고 했다. 욥이 고난 중에서 체험한 예수님이 바로 그와 같았을 것이다.

어릴 적 넓게만 보였던 학교 운동장이 어른이 되어 다시 가보면 아주 작게 보이듯, 우리가 예수님 안에서 성장하고 성숙해지면 영적 아기였을 때 가졌던 많은 물음표들이 차츰 해결된다. 그리고 주님의 나라가 임할 때 모든 의심의 물음표는 찬양의 느낌표로 바뀌게 될 것이다.

> 우리가 지금은 거울로 보는 것같이 희미하나 그때에는 얼굴과 얼굴을 대하여 볼 것이요 지금은 내가 부분적으로 아나 그때에는 주께서 나를 아신 것같이 내가 온전히 알리라 고전 13:12

더 큰 축복으로 유도하시는 물음표
"내가 네게 무엇을 줄꼬?"

위대한 아버지 다윗의 뒤를 이어 제국의 왕위에 오른 솔로몬은 왕이 된 기쁨보다도 두렵고 떨리는 일들이 많았다. 왕이 되고 난 뒤에도 아버지 때부터 힘이 강했던 많은 반역세력들을 제거해야 했고, 너무 위대한 아버지와 비교되다 보니 주눅이 들 수밖에 없었다. 모든 것이 불안하고 어려운 때였다. 이때 솔로몬은 하나님께 일천제를 드리며 간절히 기도했다. 그런 그의 꿈에 하나님께서 나타나셨다.

기브온에서 밤에 여호와께서 솔로몬의 꿈에 나타나시니라 하나님이 이르시되 내가
네게 무엇을 줄꼬 너는 구하라 왕상 3:5

그야말로 전설의 동화에서나 나올 것 같은 일이 일어난 것이다. 우리 모두가 "와! 나도 하나님이 이런 물음표를 내게 던져주신다면 얼마나 좋을까?"라고 생각할 수 있다. 그러나 하나님께서 아무에게나 이런 백지수표를 주지 않으신다. 하나님은 솔로몬의 아버지 다윗이 평생에 드린 예배를 기뻐하셨다. 그 아들 솔로몬도 일천번제나 되는 정성 어린 예배를 통해 하나님의 임재 앞에 엎드렸다.

너희가 내 안에 거하고 내 말이 너희 안에 거하면 무엇이든지 원하는 대로 구하라 그
리하면 이루리라 요 15:7

"무엇이든지 원하는 대로 구하라"라는 말씀을 솔로몬에게 하셨다는 것은 그 조건이 이뤄졌음을 말한다. 즉 솔로몬이 하나님 안에 거하고, 하나님이 솔로몬 안에 거하셨다는 것이다. 하나님과 깊은 교제가 있는 사람, 그래서 아버지의 마음과 하나가 되어 있는 사람에게 하나님께서 "무엇을 원하느냐"라고 먼저 초대하신다. 하나님께서는 하나님과 동행

하는 예배자에게 천국 창고의 열쇠를 주시며 무엇을 가지겠느냐고 물으신다.

이 열쇠를 잘 사용해야 한다. 솔로몬은 이때 '지혜로운 마음'(discerning heart)을 구했다. '지혜로운 마음'의 히브리어는 '하나님의 말씀을 듣는다'라는 뜻이다. 하나님의 뜻을 정확히 알고, 그것을 현실화시킬 수 있는 능력. 솔로몬은 그 지혜를 원했고, 성경은 솔로몬의 이 소망이 하나님의 마음에 들었다고 밝힌다.

하나님은 우리가 원하는 것보다 더 우리에게 복 주시기를 원한다. 다만, 그분의 뜻에 맞게 구할 때 가능하다. 지도자로서 올바른 간구를 드린 솔로몬에게 하나님은 흡족하셨다.

> 네가 이것을 구하도다 자기를 위하여 장수하기를 구하지 아니하며 부도 구하지 아니하며 자기 원수의 생명을 멸하기도 구하지 아니하고 오직 송사를 듣고 분별하는 지혜를 구하였으니 내가 네 말대로 하여 네게 지혜롭고 총명한 마음을 주노니 네 앞에도 너와 같은 자가 없었거니와 네 뒤에도 너와 같은 자가 일어남이 없으리라 내가 또 네가 구하지 아니한 부귀와 영광도 네게 주노니 네 평생에 왕들 중에 너와 같은 자가 없을 것이라 왕상 3:11-13

이렇듯 하나님과 동행하는 사람은 하나님의 백지수표에 하나님이 기뻐하시는 소원을 써낸다. 그리하여 하늘의 축복을 이끌어낸다.

솔로몬과 정반대의 케이스가 주님이 십자가를 지시기 전에 주님께 나아갔던 요한과 야고보 형제다. 그들은 주님이 물어보시지도 않았는데 자기들이 먼저 소원을 이뤄달라고 요청했다. 그때 주님이 물어보셨다.

이르시되 너희에게 무엇을 하여 주기를 원하느냐 막 10:36

그때 그들은 거침없이 대답했다.

주의 영광 중에서 우리를 하나는 주의 우편에, 하나는 좌편에 앉게 하여 주옵소서 막 10:37

야고보와 요한은 예수님이 왕이 되시면 그 옆에서 주님의 오른팔 왼팔이 되어 자신들도 마음껏 권력을 누릴 야심을 가지고 있었다. 결정적 순간이 되니까 불손한 동기로 주님을 따랐던 것이 다 드러난 것이다. 그들은 메시아의 영광을 세상의 것으로 오해했다.

그때 주님은 질문으로 답하셨다.

너희는 너희가 구하는 것을 알지 못하는도다 내가 마시는 잔을 너희가 마실 수 있으며 내가 받는 세례를 너희가 받을 수 있느냐 막 10:38

야고보와 요한은 베드로와 함께 열두 제자 중에서도 예수님을 가장 가까이 모셨던 사람들이다. 그래서 예수님의 마음과 생각을 가장 잘 이해했을 것 같지만, 실은 너무나 모르고 있었다. 아직도 세상적인 사고방식으로 예수님을 이해하니까 이렇게 동기가 불손한 요청을 한다. 야고보서 말씀처럼 그야말로 '정욕으로 쓰려고 잘못 구한 것'이다. 그들은 하나님나라의 역사가 십자가 길을 통해서만 완성된다는 사실을 알지 못했다.

우리는 예수께 지금 무엇을 구하고 있는가? 밤낮으로 "주시옵소서"라고 구하는 데도 주님이 응답해주시지 않는다고 서운해 하는 사람들이 많다. 그러나 서운해 하기 전에 자신의 마음속에 불손한 동기가 없는지 살펴보라. 혹시 자기가 이 땅에서 성공하기 위해 주님을 이용하려는 것은 아닌가? 야고보와 요한처럼 훗날 성공으로 보상 받겠다는 심리로 지금 희생하고 헌신하는 것은 아닌가.

예수님은 그들의 어이없는 요구에 깊은 영적 의미가 담긴 물음표로 답하셨다.

"내가 마시는 잔을 너희가 마실 수 있으며 내가 받는 세례를 너희가 받을 수 있느냐?"

예수님이 마셔야 할 잔은 고난의 잔이요, 죽음의 잔이다. 이 말씀은 예수님이 당하실 십자가 고난을 너희도 받을 수 있느냐는 질문이다. 예수님은 그들이 생각하는 세상의 왕과는 차원이 다른 하나님나라의 왕이시다. 예수님의 영광은 반드시 십자가 고난과 죽음이라는 터널을 통과해야만 주어지는 것이다.

솔로몬은 하나님이 원하시는 소원을 구함으로 응답을 받았고, 두 제자들은 욕심으로 잘못된 소원을 구했기에 거절당했다. 하지만 아이러니하게도 나중에는 서로 다른 결론으로 가게 된다. 그 많은 축복을 받았던 솔로몬은 말년에 분별력을 잃어 재물을 탐하고, 이방에서 데려온 수많은 후궁들에게 휘둘려서 그들이 가지고 온 우상들이 온 나라에 퍼지게 하고 만다. 그러나 그렇게 이기적인 소원을 구했던 두 제자는 나중에 성령의 연단으로 변화되어 주님이 그들을 위해 준비하신 길을 가게 된다.

야고보는 훗날 제자들 중 가장 먼저 순교를 당하고, 요한은 가장 오래 살아남아 밧모섬까지 귀양 가서 요한계시록을 기록한다. 그렇게 해서 인간적 야심에 불타던 그들의 인생은 세상적 성공은 아니지만 영원한 하나님나라의 영광을 누리게 된다.

우리의 소원을 물으시는 하나님의 백지수표에 우리는 항상 하나님이 기뻐하시는 소원을 쓸 수 있어야 한다. 내 인생을 위한 하나님의 뜻이 아니라 하나님의 뜻을 위한 내 인생임을 기억하라. 하나님께서는 우리가 일평생 그의 나라와 그의 의를 먼저 갈망하여 하나님의 은총을 누리기 원하신다.

영적 질책의 물음표

질문 중에도 수사의문법(Rhetorical Question) 질문이 있는데, 이것은 대답을 기대하지 않고 질문하는 방식이다. 답이 뻔한 질문을 하는 것은 어떤 포인트를 강조하기 위함이다. 예를 들어, "내 말 듣고 있는 거야?"라는 질문은 "딴짓하지 말고 내 말 들어"라는 뜻이고, "오늘 정말 덥지?"

라는 질문은 날씨가 매우 덥다는 것을 강조하려는 것이다. 하나님께서도 이런 수사의문법 질문을 던지시는 경우가 많은데, 그것은 대부분 우리에게 영적 질책을 하실 때이다.

하나님은 첫째, 우리의 회개를 촉구하실 때 물음표를 던지신다. 이사야서 1장에 보면 "너희가 어찌하며 매를 더 맞으려고 패역을 거듭하느냐"라는 하나님의 안타까운 물음표가 나온다(사 1:5). 하나님을 버리고 우상을 숭배하면서 온갖 죄를 지은 까닭에 이스라엘은 하나님께 징계의 매를 수도 없이 맞았다. 이방 국가들이 쳐들어와서 그들을 죽이고 포로로 삼고 성을 불태우는 수모를 수도 없이 겪었다. 그런데도 그들이 회개할 줄 모르고 죄의 길에서 벗어나질 않으니까 하나님이 너무 안타까우셔서 던지는 물음표이다.

하나님을 떠나 죄를 짓다가 몇 번 징계의 매를 맞으면 빨리 잘못을 깨닫고 하나님께 돌아와야 한다. 그렇지 않으면 하나님의 안타까운 질책의 물음표를 계속 듣게 된다.

둘째, 잘못된 열심을 고쳐주시는 물음표가 있다. 교회를 핍박하러 다메섹으로 달려가는 사울에게 하늘로부터 엄청난 빛이 쏟아졌다. 그리고 주님이 말씀하셨다.

"사울아, 사울아, 네가 어찌하여 나를 박해하느냐?"

이 말은 정말 주님이 사울이 왜 교회를 박해하는지 몰라서 물어보시는 것이 아니다. "네가 지금 하고 있는 일이 나를 대적하는 것이니 당장 멈춰라"라고 경고하시는 것이다. 사울은 눈앞이 캄캄해지는 충격을 받았다. 지금껏 그는 교회를 박해하는 것이 하나님의 일을 하는 것이라고 철석같이 믿고 있었는데, 그것이 오히려 하나님을 대적하는 것임을 알게 되었다. 그 일을 계기로 사울은 바울로 거듭나게 되고, 교회를 핍박하던 잘못된 열심은 이방인 선교를 위해 평생을 헌신하는 올바른 열심으로 바뀌게 된다.

사울처럼 성경도 많이 알고 영적 열심도 대단한 사람 중에도 하나님의 뜻을 전혀 분별하지 못하고 자신의 독선을 하나님의 뜻이라고 착각하며 밀어붙이는 사람들이 있다. 하나님은 처음에는 인내하시다가 어느 시점이 되면 중간에서 이들을 단호하게 막아서신다. 그리고 더 이상 가지 말라는 경고의 물음표를 던지신다. 이때 멈춰서야 한다.

오스왈드 챔버스는 "내게 주신 하나님의 계시는 하나님을 향한 나의 상태에 따라 결정된다"라고 했다. 시편 기자는 "자비로운 자에게는 주의 자비로우심을 나타내시며 … 사악한 자에게는 주의 거스르심을 보이시리니"(시 18:25,26)라고 했다. 우리가 하나님을 향하여 완고한 태도를 고집하면 하나님도 우리에게 완고함으로 대하신다.

사울이나 서기관, 바리새인들처럼 성경 지식도 있고 철저한 신학과 교리로 무장한 영적 지도자들일수록 잘못된 자기 열심을 하나님의 뜻이라고 착각하기 쉽다. 그래서 우리는 항상 겸손하고 유연한 마음으로 성령님의 음성에 귀 기울여야 한다.

셋째, 우리가 영적으로 깨어 있도록 도전하시는 물음표가 있다. 주님은 십자가를 지시기 직전, 겟세마네 동산으로 기도하러 가셨다. 다가올 십자가의 영적 중압감이 심해서 기도로 영적 준비를 하러 가신 것이다. 평소에는 혼자 기도하러 가시던 예수님이 그날 밤에는 세 명의 제자들을 데리고 가셨다.

하나님의 아들이셨던 예수님도 마지막에는 너무나 힘들고 외로우셨던 것이다. 그래서 나약하고 철모르는 제자들이나마 겟세마네까지 데려가셨던 것이다. 곁에서 미약한 기도로나마 지원해주길 바라는 마음에서였을 것이다. 그러나 제자들은 그 시간에 깨어 있지 못하고 잠들고 말았다. 마태복음과 마가복음에 보면 예수님은 두 번, 세 번이나 와서 잠든 그들을 깨우셨다. 그리고 이렇게 말씀하셨다.

"시몬아 자느냐 네가 한 시간도 깨어 있을 수 없더냐?"(막 14:37)

우리의 영적 게으름을 안타깝게 질책하시는 것이다. 성경에 보면 제자들이 슬픔으로 인해 잠들었다고 했다. 제자들은 예수님의 신변에 안 좋은 일이 생길까봐, 자신들의 앞날이 어찌될까 하는 두려움에 슬펐고 고민했다. 그러나 그것은 인간적 고민이요 슬픔이었지 우리를 위해 십자가에 돌아가실 예수님의 사랑을 아는 믿음의 근심이 아니었다. 믿음의 근심은 하나님께 기도하게 만든다.

"시험에 들지 않게 깨어 있어 기도하라."

이 말은 바꾸어 말하면 깨어 기도하고 있지 않으면 시험에 들게 되어 있다는 뜻이다. 제자들은 같이 기도하는 것 같았지만, 다가올 불안한 미래를 걱정하고 근심하는 것을 기도보다 더 많이 했다. 그러다 보니 피곤하고 지쳐서 계속 잠이 든 것이다.

목사인 나도 조금만 영적으로 흐트러지면 기도보다 근심을 더 많이 하게 되는 것 같다. 목회란 것이 워낙 시도 때도 없이 계속 문제가 터지는 것이라, 얼마나 신경 쓰이는 일이 많은지 모른다. 그러다 보니 기도하기보다 내가 인간적으로 끌어안고 근심하고, 회의하는 일이 기도하는 것보다 먼저인 경우가 많다. 몸은 바쁘게 일하고 있는 것 같은데, 영적으로는 점점 지쳐서 기도할 시간에 자고 있는 제자들같이 되어 버리는 것이다. 그때마다 내 안에 계신 성령께서 부드럽게 물음표를 던지신다.

"왜 자고 있느냐? 시험에 들지 않게 깨어 기도하라."

넷째, 담대한 초심을 유지하라는 물음표가 있다. 풍랑이 이는 바다 위로 걸어오시는 예수님을 보고, 제자들은 모두 겁에 질렸다. 그러나 베드로는 "예수님이 물 위로 걸으실 수 있다면 나도 주님의 능력으로 걸을 수 있지 않을까?"라고 생각했다. 그래서 담대하게 "주여, 저보고 물 위로 걸어오라 명하소서"라고 요청했다. 예수님은 베드로의 단순무식한 용기를 기뻐하셔서 "오라"라고 초대하셨다.

베드로는 주님의 말씀 의지하여 담대히 물 위로 발을 내디뎌 걷기 시작했다. 예수님이야 하나님의 아들이니까 물 위로 걸을 수도 있다 치고, 어떤 사람이 감히 물 위로 걷겠다고 나설 수 있는가? 그런 말은 들어본 적도 없지만, 베드로는 예수님을 믿으면 그런 기적도 가능하다고 믿고 자신의 목숨을 건 발자국을 파도 위로 내딛은 것이다. 나는 이런 면에서 베드로가 참으로 대단한 사람이라고 생각한다.

그런데 예수님만 보고 걸어가던 베드로가 얼핏 불안해져서 주위를 둘러보니 무서운 바람이 아직도 자기 주위를 스쳐가고 있다. 순간 공포가 온몸을 엄습해오자 베드로는 비명을 지르기 시작한다. 이젠 물 위를 걷는 게 아니라 물속으로 빠져 들어가는 자신을 발견하고, 예수께 살려달라고 비명을 지른다. 아주 코미디 같은 장면이다. 예수님은 즉시로 손을 내밀어 베드로를 구해주셨다. 그리고 말씀하셨다.

"믿음이 작은 자여 왜 의심하였느냐?"

담대하게 주님을 믿고 물 위로 한 발자국 내디뎠던 처음 믿음을 끝까지 유지하지 못했던 베드로의 모습이 우리 안에도 너무 많다. 처음에는 뜨거운 열정과 헌신으로 시작했던 하나님의 일이 중간쯤 되면 꼭 위기가 온다. 물 위를 걷는 중간에 몰려오는 온갖 문제의 파도들로 인해 두려움에 다리가 떨린다. 끝까지 갈 수 없을 것 같은 공포에 사로잡혀 넘어지고 물에 빠지는 경우가 한두 번이 아니다. 그러나 그때마다 주님은 우리를 붙들어주시며 말씀하신다.

"믿음이 작은 자여 왜 의심하였느냐?"

이것은 매서운 질책이라기보다 안타까운 부모의 격려와도 같다.

"처음 나를 믿고 시작하던 그때의 믿음을 생각해. 그대로 계속 가면 되는 거야. 힘을 내."

의심과 두려움의 파도가 나를 집어삼키려 할 때마다 나는 주님의 그 격려의 물음표를 듣고 다시 힘을 얻어 물 위를 계속 걸어간다. 이번에는 주님의 손을 단단히 붙들고.

용서를 선포하는 물음표

"너를 정죄한 자가 없느냐?"

요한복음 8장에 보면 예수님이 설교하시는 중간에 서기관과 바리새인들이 간음죄를 지은 여인을 끌어다 놓은 장면이 나온다. 예수님을 함정에 빠뜨리려는 의도로 한 일인데, 예수님은 하늘의 지혜로 이들을 꾸짖으시고 다 쫓아버리신다. 그러고 나서 그녀에게 다가가 물어보신다.

"여자여, 너를 고발하던 그들이 어디 있느냐? 너를 정죄한 자가 없느냐?"

그야말로 백만 불짜리 질문이다. 이 세상에 수억 마디 말 가운데 이 여자가 대답할 수 있는 질문은 이것 하나뿐이었다. 만약 "네 이름이 뭐냐? 뉘 집 딸이냐? 너는 계명을 몰랐느냐? 어떻게 이런 짓을 하게 되었느냐?"라는 물음표들을 던지셨더라면 이 여자는 조금 전보다 훨씬 더 고통스럽게 침묵을 지켜야 했을 것이다. 그러나 주님은 사람들을 다 쫓아버리시고 다가가셔서 억만 마디 말 가운데 그 여인이 대답할 수 있는 오직 하나의 질문을 던지며 다가오셨다.

자기를 죽이려는 자들을 흩어버리고, 인자한 음성으로 다가오시는 주께 여자는 대답하지 않을 수가 없었다.

"주여, 없나이다."

아! 기적같이 대화의 문이 열렸다. 생명의 관계, 영원한 구세주와의 관계가 세워진 것이다. 그러자 주님이 말씀하셨다.

"나도 너를 정죄하지 아니하노니 가서 다시는 죄를 범하지 말라."

오직 한 분, 돌로 칠 자격이 있는 분이 "나도 너를 정죄하지 않겠다"라고 하셨다.

"나의 갈보리 십자가 보혈이 너의 죄를 씻을 것이다!"

주님의 선포는 온 우주에 울려 퍼지는 용서의 선언이었다.

오늘도 우리가 세상을 살면서 죄 짓고 넘어질 때 세상 사람들은 득달같이 달려들어 우리를 정죄하고 돌을 던질 것이다. 특히 마귀는 때를 놓치지 않고 "너 같은 것이 무슨 하나님의 자녀야? 너 같은 것이 무슨 자격으로 하나님의 일을 해? 넌 이제 끝났어"라면서 우리의 죄책감에 불을 지필 것이다. 그러나 그때마다 우리는 귀를 닫고 오직 주님의 십자가로 나가서 엎드려야 한다. 그리고 주님 앞에 정직하게 회개하며 살려달라고 엎드려야 한다. 그러면 저 간음했던 여인을 보호하셨던 것처럼, 주님은 "너를 정죄한 자가 없느냐"라고 물으실 것이다. 사람들이 아무리 우리를 정죄하고 공격해도, 주님은 십자가 앞에 쓰러져 있는 우리에게 손을 내밀어 일으켜주신다. 보혈의 은혜로 용서해주실 것이다. 우리는 다시 시작할 수 있다.

사명을 새롭게 회복시키시다

"네가 나를 사랑하느냐?"

부활하신 주님이 갈릴리 바닷가에서 제자들을 다시 만나셨을 때 주님이 베드로에게 던진 물음표는 "네가 나를 사랑하느냐?"라는 것이었다. 베드로를 비롯한 모든 제자들이 전혀 예상치 못한 질문이었다. 그들 모두 십자가로 끌려가는 주님을 부인하고 도망간 전력이 있어서 지금 주님을 다시 볼 면목이 없는 상태다. 상식적으로 한다면 이렇게 질문하셔야 하지 않을까?

"너희들 왜 그랬어? 너희들 어떻게 나를 다 배신할 수 있어? 특히 베드로 너, 뭐, 다른 사람들이 다 나를 배신해도 너만은 나와 함께 죽겠다더니, 그런 놈이 세 번이나 나를 부인해? 그리고 십자가 사건 이후 너희들 3일 동안 어디 가서 뭐했어?"

이런 원망과 책임 추궁의 질문들이 쏟아졌어야만 했다. 세상은 그렇게 한다. 사람들은 보통 그렇게 한다. 인간 세상에서는 과거의 잘못을 놓고 서로 무섭게 책임을 따지는 청문회를 한다. 그러나 주님의 물음표는 전혀 차원이 달랐다.

주님은 우리의 연약함, 우리의 실수와 잘못을 이미 다 아신다. 그 부족한 모습을 다 아시면서도 우리를 구원해주시고 사용해주신다. 주님에게 중요한 것은 '그럼에도 불구하고' 우리가 주님을 진실하게 사랑하느냐는 것이다. 이것은 죄를 지은 아담에게 물으셨던 하나님의 질문, "네가 어디에 있느냐"와 같은 맥락의 질문이다.

"너는 하나님을 사랑하고, 하나님의 사랑을 받는 자리에 있어야 한다. 실수하고 무너져도 너는 나를 끝까지 사랑해야 한다. 넘어져도 내 앞에 와서 넘어져라. 내가 너를 붙잡고 일으켜 다시 시작할 것이다."

만약 그때 아담도 하나님으로부터 숨지 않고 하나님 앞에 나와 엎드리며 "주님, 제가 죄를 지었어요. 저를 용서해주세요"라고 회개했다면 그의 운명은 달라졌을 것이다.

베드로는 주님을 부인하는 죄를 지었지만, 부활하신 주님으로부터 도망가지 않았다. 면목 없지만 그래도 주님 앞에 나와서 엎드렸다. 자신이 주님을 사랑할 자격이 없음을 알면서도 베드로는 울면서 세 번이나 "주님을 사랑한다"라고 대답한다. 그런 베드로에게 주님은 "내 양을 먹이라"라고 하신다. 이때 처음으로 베드로에게 영적 지도자가 되라는 공식 임명장을 주신 것이다. 베드로가 주의 종이 될 자격이 없다는 생각으로 가득 찼을 그때, 예수님은 오히려 주의 종이 되라는 공식 임명장을 주신 거다. 예수님은 뛰어난 능력을 가진 사람을 쓰시는 게 아니라 주님을 진실하게 사랑하는 사람을 쓰신다.

목회 여정에 들어선 지 30년이 되었다. 이제는 항상 내가 주의 종이 될 자격이 없는 사람임을 통감하며 산다. 실수하고 실패하고 좌절하고 주님을 실망시켜 드린 적이 한두 번이 아니다. 그럴 때마다 "제가 목사 될 자격이 없는 것 같아요" 하고 하나님 앞에 고개를 떨구지만, 또 그럴 때마다 2천 년 전 갈릴리 호숫가에서 베드로에게 던지셨던 주님의 물음표를 생각한다.

"네가 나를 사랑하느냐?"

"네."

"그러면 됐다. 네 모든 실수와 약점은 내가 감당하마. 내 양을 먹이라."

"네가 나를 사랑하느냐"라는 주님의 물음표는 항상 우리에게 다시 일어나 사역할 수 있는 새 소망을 준다.

회복과 부흥의 전주곡

지금으로부터 2천6백 년 전, 나라가 망하고 바벨론에 포로로 끌려간 선지자 에스겔은 포로생활이 길어지자 자신과 민족의 미래에 대해 절망했다. 그때 하나님께서 그를 마른 뼈들이 가득한 골짜기로 데리고 가서 물으셨다.

"에스겔아, 이 뼈들이 능히 살겠느냐?"

인간의 상식으로는 "하나님, 말도 안 되는 소립니다. 어떻게 방금 죽은 시체도 아니고, 바짝 말라서 사방으로 흩어진 뼈들이 다시 삽니까?"라며 일축해버렸을 것이다. 그러나 그 자체로 이미 말이 안 되는 이런 질문을 하나님이 하실 때는 다 이유가 있다. 이미 낮아질 대로 낮아진 에스겔은 이렇게 터무니없는 질문을 하시는 하나님의 심중을 헤아리며, "오직 주님만이 아십니다"라고 대답한다.

인간적인 생각이나 상식에서는 절망적일 정도로 깜깜하지만 하나님에게는 반드시 대안이 있다. 하나님은 이미 답을 알면서도 묻고 계신 것이다. 우리의 마음이 얼마나 겸손해져서 하나님만 의지하고 있는지를 확인하시는 것뿐이다. "살겠느냐?"라고 물으시는 하나님의 마음에는 이미 살려주시겠다는 의지가 들어 있다. 하나님의 의지가 세워지면 불가능은 없다.

뼈는 죽음을 의미하고, 절망을 의미한다. 아무도 관심조차 갖지 않는 이 바짝 마른 뼈들에게 하나님은 관심을 갖고 계시다. 그들을 향한 계획을 갖고 계셨다. 그 마른 뼈들을 살아 있는 건강한 생명체로 만드시려는 기가 막힌 플랜이 있으셨던 것이다. 이 마른 뼈들은 20년 가까이 포로생활을 하면서 죽음 같은 절망 속에 있는 에스겔의 민족, 이스라엘 백성을 상징한다. 그런데 그런 이스라엘을 다시 회복시키고 살리고자 하는 계획과 능력이 하나님에게 있으신 것이다.

우리가 아무리 죽음같이 힘든 상황에 있을지라도, 하나님께는 살려내실 계획과 능력이 있으시다. 오늘 우리가 처한 상황이 아무리 절망적이고 어려워도 하나님은 돌파구를 주실 수 있다. 그러니 우리는 이제 모두 한국의 에스겔이 되어 일어나야 한다. 하나님은 기도하는 우리에게 묻고 계신다.

"이 뼈들이 살겠느냐?"

하나님은 마른 뼈들같이 절망적인 이 민족을 다시 살려주실 부흥의 비전을 갖고 계신다. 우리는 그분 앞에 겸손히 무릎 꿇고 기도해야 한다. 그리고 그분의 말씀을 들어야 한다. 말씀을 통해 성령의 생기가 들어와 우리를 살려주시길 간구해야 한다. 그래야 찢기고 상한 오늘의 역사가 회복된다.

하나님이 말씀하신다.

"내가 너희에게 성령의 생기를 주겠다. 그 생기가 들어가기만 한다면 기적이 일어날 것이다. 가정이 변하고, 캠퍼스가 변하고, 아이들이 변하고, 아버지와 어머니들이 변하고, 지도자들이 변하고, 사회가 변할 것이다."

바로 우리 시대에 이런 환상과 기적을 우리에게 주실 것이다. 하나님께서는 이 민족을 다시 살려주실 것이다. 이를 위한 촉매제로 교회를 사용하실 것이다.

우리 교회는 이때까지도 기적 같은 부흥을 체험했지만, 그것은 앞으로 주실 엄청난 부흥의 파도의 전주곡에 불과할 것이다. 각 가정마다 크고 작은 기적을 체험하기 시작할 것이다. 사도행전 시대의 기적들이 21세기 서울 한복판에서, 우리의 가정과 교회에서 재현되는 것을 목격하게 될 것이다.

"오, 하나님. 우리에게 행하실 크고 놀라운 일들을 기대합니다!"

하나님의 느낌표
담대한 확신으로 나아가라

이러므로 주 여호와께서 이와 같이 말씀하시니라 보라 나의
종들은 먹을 것이로되 너희는 주릴 것이니라 보라 나의 종들
은 마실 것이로되 너희는 갈할 것이니라 보라 나의 종들은
기뻐할 것이로되 너희는 수치를 당할 것이니라 보라 나의 종
들은 마음이 즐거우므로 노래할 것이로되 너희는 마음이 슬
프므로 울며 심령이 상하므로 통곡할 것이며 또 너희가 남겨
놓은 이름은 내가 택한 자의 저줏거리가 될 것이니라 주 여
호와 내가 너를 죽이고 내 종들은 다른 이름으로 부르리라
이러므로 땅에서 자기를 위하여 복을 구하는 자는 진리의 하
나님을 향하여 복을 구할 것이요 땅에서 맹세하는 자는 진리
의 하나님으로 맹세하리니 이는 이전 환난이 잊어졌고 내 눈
앞에 숨겨졌음이라 보라 내가 새 하늘과 새 땅을 창조하나니
이전 것은 기억되거나 마음에 생각나지 아니할 것이라 너희
는 내가 창조하는 것으로 말미암아 영원히 기뻐하며 즐거워
할지니라 보라 내가 예루살렘을 즐거운 성으로 창조하며 그
백성을 기쁨으로 삼고 내가 예루살렘을 즐거워하며 나의 백
성을 기뻐하리니 우는 소리와 부르짖는 소리가 그 가운데에
서 다시는 들리지 아니할 것이며   사 65:13-19

느낌표는 말 그대로

느낌이 강렬할 때 쓰는 부호다. 마침표에 밑줄을 몇 번 더 치고 형광펜을 칠하며 강조하는 것이 느낌표다. 한글성경에는 느낌표가 잘 안 나오지만, 영어성경에는 느낌표가 그대로 기록된 경우가 많다. 우리가 잘 아는 "Give thanks to the Lord!"(하나님께 감사하라)라든가 "Save us now!"(우리를 구원하소서) 같은 표현들이 그렇다.

우리가 보다 주의 깊게 살펴야 할 부분은 하나님이 성경 문맥에서 특별히 느낌표를 찍으신 강조점들이다. 이때 우리는 숨을 멈추고 주목해야 한다. 선생님이 강조하시는 것이 시험에 꼭 나오듯이 하나님의 느낌표는 우리가 믿음생활에서 승리하는 데 꼭 필요한 요점이다.

하나님께서 마침표에서 느낌표까지 찍으실 때는 우리의 일상을 멈추고 집중하기 원하시는 어떤 순간이 온 것이다. 이 사건, 이 사람, 이 말, 이 순간을 허투루 넘기지 말고 꼭 기억하라는 뜻이다. 그것은 하나님께서 무릎을 치고 감탄하는 어떤 것으로, 우리가 하나님의 마음에 맞춰 함께 감탄하고 가슴에 새기면 놀라운 은혜가 임한다.

예를 들어, 이사야서에는 "보라!"라는 말이 무려 75회나 나온다. 대부분 하나님의 놀라운 역사를 보고 감탄하는 말이다. 이사야서 65장 13-19절의 짧은 본문 안에도 "보라"(Behold)라는 말이 6회나 나온다.

"보라 나의 종들은 먹을 것이로되 … 보라 나의 종들은 마실 것이로되 … 보라 나의 종들은 기뻐할 것이로되 … 보라 내가 새 하늘과 새 땅을 창조하나니 …."

'보라'라는 말은 '주목하라!'는 하나님의 느낌표로, 반드시 이뤄질 약속이며 우리 모두가 붙잡아야 할 소망이다. 이처럼 성경에 나오는 하나님의 느낌표들에 담긴 영적 의미들을 함께 묵상해보자.

위대하신 하나님을 향한 찬양

성경에서 가장 많이 발견하는 느낌표는 "하나님을 찬양하라"(Praise the Lord)라는 것이다. '찬양'은 다른 말로 하면 하나님을 칭찬해드리는 것이다. 히브리어 구약성경에서는 '할렐루야'라는 말을 자주 쓰는데, 이말은 "너희 모든 사람들아, 하나님을 찬양하라"라는 뜻이다. 이 단어의 어근이 되는 '할랄'은 '큰 소리로 자랑한다'라는 뜻을 담고 있다.

세상 사람들은 자신의 외모를 자랑하고, 자신의 학벌을 자랑하고, 자신의 돈을 자랑하거나 인맥을 자랑한다. 그러나 그것들은 언제든지 거품처럼 사라질 수 있는 것들이다. 우리가 진짜 자랑해야 할 것은 바로 우리의 위대하신 하나님이다. 그분은 우리의 최고의 찬사를 받기에 합당하신 분이시다.

사탄도 한때는 천국의 찬양을 총지휘하는 천사였다. 그러나 그는 교만해져서 나중에는 하나님이 아닌 자기 자신을 높였다. 그러다가 심판을 받고 천국에서 쫓겨났다. 그 후로도 사탄은 인간을 꼬드겨서 자꾸 자기 자신을 높이게 한다. 사람들이 이토록 자기중심적인 까닭은 세상 권세를 잠시 장악하고 있는 사탄이 바로 자기중심의 영으로 가득 찬 존재이기 때문에, 이런 사탄의 유혹에 계속 넘어가기 때문이다. 하나님을 믿고 난 후에도 이런 옛 사람의 습성을 못 버리고, 하나님도 자기의 주인이 아닌 종처럼 부리려 한다. 사람들이 자기 칭찬해주면 사족을 못 쓰고 영적으로 흐트러진다.

찬양은 이런 잘못된 삶의 태도를 버리고, 우리가 있어야 할 원래의 위치로 내려앉는 것이다. 찬양은 자기를 높이는 것이 아니라 하나님을 높이는 것이다. 자기를 칭찬하는 것이 아니라 하나님을 칭찬해드리는 것이다.

그리고 사실 그게 옳다. 따지고 보면 우리 자신을 칭찬할 것들이 뭐 그렇게 많지가 않다. 그러나 하나님은 만 입이 내게 있으면 그 입 다 가지고 찬양해야 할 정도로, 너무나 칭찬할 것이 많은 분이시다. 자신을 찬양하는 사람은 허무하지만, 하나님을 찬양하는 사람에게는 은혜가 충만하다.

아는 만큼 찬양할 수 있다

찬양은 추상적이 아니라 구체적이어야 한다. 제대로 찬양하기 위해서는 예수님의 보혈로 거듭난 하나님의 자녀여야 한다. 그래야 하나님과 관계가 생긴다. 그러니까 찬양은 하나님의 자녀가 가지는 특권이다. 하나님의 자녀가 된 후, 계속해서 말씀과 기도를 통해 하나님과 교제해야한다. 그래야 하나님에 대해서 구체적으로 더 깊이 알게 된다. 하나님을 아는 것만큼, 하나님을 체험한 것만큼 우리는 하나님을 찬양할 수 있다. 구체적으로 깊이 있게 찬양할 수 있다. 진정한 찬양은 하나님을 알고 경험하는 데서부터 오는 것이다.

> 큰 회중 가운데에서 나의 찬송은 주께로부터 온 것이니 주를 경외하는 자 앞에서 나의 서원을 갚으리이다 시 22:25

이 구절을 영어성경으로 보면 "From you comes the theme of my praise", 즉 "내 찬송의 테마는 하나님께로부터 온다"라는 뜻이다. 하나님의 은혜를 삶으로 체험한 사람은 자연스럽게 하나님께 감탄의 박수를 보내드린다. 하나님의 마음에 합한 사람이었던 다윗도 얼마나 하나님께 자주 감탄했는지 모른다. 찬양은 하나님을 칭찬해드리는 것인데, 다윗은 정말 하나님께 잘 감탄하고 그때마다 아낌없이 감정을 쏟아내며 하나님을 칭찬해드렸다.

하늘 아빠를 향한 환호성

예수님은 "누구든지 어린아이와 같아지지 않으면 하나님나라에 들어갈 수 없다"라고 하셨다. 여기서 예수님은 친밀함을 말씀하고 계신 것이다. 어린아이는 부모와 친하다. 아빠와 엄마를 보기만 하면 달려와 매달린다. "사랑해요 고마워요, 아빠"라고 말하며 아빠를 안아주고, 뽀뽀도 해준다. 어린아이 때는 작은 일에도 감탄하고 감격한다. 부모가 작은 장난감만 선물해도 "우와!", 놀이공원이나 동물원에 데려가면 "우와!"를 연발한다. 아빠는 이때 세상 그 무엇과도 바꿀 수 없게 행복하다. 하나님 아버지도 그러실 것이다.

그러다가 사춘기가 되면 애들이 서서히 영화 〈반지의 제왕〉에 나오는 오크들같이 표정이 없어지고 무덤덤해진다. 아빠가 돌아와도 인사도 하는 둥 마는 둥, 선물을 줘도 시큰둥하다. 이런 사춘기 아이들처럼 영적으로 무덤덤해진 크리스천들이 많다. 신앙의 연조가 오래될수록 이 현상은 더 심각하다. 하나님이 행하신 놀라운 일들에 강렬한 느낌표로 반응하지 않는 것이다. 메마르고 형식적인 예배자들이 얼마나 많은지, 가슴이 아프다. 기적에 반응할 줄 모르는 세대, 하나님의 역사에 감탄할 줄 모르는 세대가 되어선 안 된다.

그래서 주님은 우리가 어린아이같이 되어야 천국에 들어간다고 하셨다. 하나님께서는 어린아이 같은 순수한 감격과 감탄의 마음으로 아빠를 갈망하는 그 마음을 원하시는 것이다. 하나님의 느낌표는 하나님을 찬양하고 환호하라는 뜻이다.

하나님은 규율적이고 경직된 분이 아니시다. 하나님은 감정이 풍성한 분이시다. 하나님께서는 인간을 창조하신 후 "보시기에 심히 좋았더라"라고 하셨다. 하나님 자신이 하신 일에 대해 감탄의 느낌표를 찍으신 것이다. 스바냐서 3장에 보면 "그가 너로 말미암아 기쁨을 이기지 못하시며"라고 했다. 즉, 우리를 그냥 사랑한다고 하신 것이 아니라 "사랑해! 사랑해! 정말 사랑해!" 하면서 느낌표 하트를 계속 주시는 것이다.

하나님께서는 슬플 때는 격렬히 슬퍼하시고, 화내실 때는 화내시고, 기쁠 때는 격렬히 기쁨을 표현하신다. 진짜 친밀한 사이에서는 감정을 풍성하게 쏟아놓는다. 하나님은 우리도 그러기를 원하신다. 찬양이란 하나님을 향한 나의 감정을 정직하게 풍성하게 쏟아놓는 것이다. 성령 충만한 예배자의 찬양에는 기쁨이 가득하다.

기독교 역사에서 청교도들은 세상에서 가장 거룩하고 담대한 크리스 천들 중에 하나였다. 그들은 정말 교회와 가정과 사회를 거룩한 하나님 의 나라로 만들기 위해 최선을 다했던 사람들이다. 그러나 그들의 문제 는 거룩에서 기쁨을 빼버린 데 있었다. 하나님은 거룩이시지만, 또한 사 랑이시고 기쁨이시다. 기쁨이 충만한 거룩이 진짜 거룩이다.

기쁨의 거룩이 가득한 사람은 벌써 뭐가 달라도 다르다. 그의 예배와 사역은 남의 눈을 의식해서 억지로 한다거나, 매너리즘에 젖어서 마지 못해 한다거나 분노와 짜증으로 하는 법이 없다. 하나님의 법을 지키는 것, 하나님의 일을 하는 것이 고통이 되어선 안 된다. 진짜 거룩한 사람 에게는 하나님의 기쁨이 충만히 넘쳐흐르고 입에서 찬양이 항상 흘러나 온다.

영적 전쟁에 승리를 가져오는 찬양

성령이 주시는 기쁨으로 찬양할 때, 하나님은 너무나 기쁘셔서 우리에게 놀라운 은혜를 주신다. 찬양의 느낌표는 영적 전쟁의 향방을 결정 짓는 능력이 있다. 은혜로울 때 찬양하면 은혜가 연장될 것이고, 고통스 러울 때 찬양하면 고통을 초월하게 될 것이다. 찬양은 메마른 기도에 불 을 붙여주며, 영적인 답답함에 숨통을 터준다.

기도가 영적 전쟁을 견디게 한다면, 찬양은 영적 전쟁을 마무리한다. 찬양하는 성가대를 앞세운 여호사밧의 군대가 전진하자 그 엄청난 적의 대군이 이해할 수 없는 힘에 의해 순식간에 붕괴되었다. 복음을 전하다 가 매 맞고 감옥에 갇힌 바울과 실라가 한밤중에 찬양하며 기도하자, 지진이 일어나며 옥문이 열리고 그들을 묶었던 쇠사슬이 다 풀어졌다.

우리가 기도를 해도 원망과 불평하는 마음으로 할 때는 아무 일도 안 일어난다. 그러나 우리가 마음 깊은 곳에서부터 성령의 힘으로 찬양하 기 시작하면 마귀의 군대가 무너지고, 우리를 묶고 있던 어둠의 사슬들 이 끊겨져 나가는 기적들이 일어날 것이다.

날마다 새로운 감격을 노래하라

찬양의 느낌표는 강조이면서 반복하라는 의미를 갖고 있다. 찬양의 느낌표를 성경은 수도 없이 반복하며 찍는다. 그것은 우리가 평생 계속 해서 찬양하라는 뜻이다. 하나님께서는 항상 우리의 삶에서 새로운 일 을 행하신다. 세월이 가고 나이가 들수록 우리에게는 항상 새로운 간증 과 새로운 감격이 주어진다. 그래서 찬양은 계속해서 업데이트 되는 것 이다.

다윗은 나이가 들어서도 "새 노래로 주를 찬양하라!"라고 외쳤다. 여기서 '새 노래'란 신곡을 발표하라는 게 아니다. 같은 찬양을 불러도 더 뜨겁고, 더 새로워진 심령으로 부르라는 것이다. 인생이 변했고, 내 신앙이 변했기 때문이다.

나는 고등학교 때 〈좋으신 하나님〉(God is so good)이란 찬양을 기타로 처음 배웠는데 30년이 지난 오늘날까지도 그 찬양을 부르면 눈물이 나고 은혜로 충만해진다. 20대, 30대, 40대를 보내고 50대 초반에 이르기까지 수많은 시련과 고비를 넘겨오면서 하나님은 항상 내게 너무나 좋으신 분이셨다. 그런 간증이 있기에, 같은 노래를 불러도 항상 새롭다. 새로운 심령으로, 은혜 받은 심령으로 부르니까 완전히 새롭게 느껴지는 것이다.

하나님과 함께 걸어가는 우리의 인생은 날마다 새로운 도전을 새로운 능력으로 승리하며 나아간다. 그때마다 새로운 노래로 하나님을 찬양하게 된다.

찬양으로 하나님을 증거하라

찬양은 모든 구원받은 하나님의 백성이 반드시 해야 할 일이다. 주님은 자신의 위대하심을 주님의 몸 된 교회, 하나님의 자녀들을 통해 세상에 선포하기를 원하신다.

엄청난 연봉을 받는 선수들이 유럽 프리미어 리그 경기장에서 경기를 한다. 구단들은 선수들의 연봉 외에도 엄청난 투자를 해서 현대식 중계시설과 각종 부대시설을 갖춘 경기장을 준비한다. 그러면 스타디움 가득 들어찬 팬들의 환호 속에 경기가 진행된다. 그런데 만약 이런 경기에 한 명의 팬도 구경 오지 않는다면? 아무도 경기를 광고하지 않고, 티켓 판매도 안 한다면? 선수들도 오고, 감독도 오고, 심판도 와서 경기를 하는데 관중이 아무도 없다면? 있을 수 없는 일 아닌가?

우리 하나님도 청중을 원하신다. 그분의 위대하심으로 인해 찬양과 영광을 받기 원하신다. 이를 위해 하나님은 하나님의 자녀들을 쓰시고, 주님의 몸 된 교회를 쓰신다. 찬양하는 이들의 숫자는 많을수록 좋다. 하나님이 우리를 축복하시고, 우리에게 능력주시는 이유는 하나님의 위대하심을 열방에 선포하시기 위함이다. 그분이 우리의 부서진 삶을 기적같이 회복시키시는 모습을 주변의 모든 사람들에게 보여주기 원하신다. 우리의 입술을 열어 주께서 하신 놀라운 일을 간증하기 원하신다. 찬양의 느낌표가 찍히는 곳에 하나님이 기뻐 임재하시고, 그 능력과 은혜를 부어주신다.

새로운 영적 깨달음을 얻으라

고대 그리스의 유명한 과학자 아르키메데스는 목욕하다가 부력의 원리를 발견하고 벌거벗은 채로 거리로 뛰어 나가면서 "유레카!"(알아냈다)라고 외쳤다. 성경에서도 일반적인 신앙을 가지고 있던 사람이 하나님을 뜨겁게 체험한 후에 그에게서 육체의 비늘이 떨어지고 영의 눈이 열리는 것을 볼 수 있다. 그렇게 그는 하나님을 완전히 새롭게 경험하게 된다.

평생 성경을 연구하고 살았던 니고데모에게도 예수님을 만나기 전에는, 성령으로 거듭나기 전에는 결코 이해할 수 없던 영적인 세계가 있었다. 하나님께서는 우리 인생의 어떤 계기를 통해 우리를 미니멈 크리스천에서 맥시멈 크리스천으로, 불같이 뜨거운 성령의 사람으로 탈바꿈시켜주신다. 그것은 놀라운 축복을 몰고 오는 영적 깨달음의 느낌표다.

그리고 많은 경우, 이것은 우리 인생이 벼랑 끝에 내몰릴 정도로 어려울 때 주어지는 선물이다. 앞에서 '하나님의 물음표'를 다루며 구약성경에 나오는 의인 욥의 이야기를 했다. 하루아침에 자녀들을 사고로 잃고, 재산도 다 없어지고, 몸에 병도 걸리는 무서운 재난이 시리즈로 욥을 덮쳤다. 위로하러 온 친구들의 조언은 오히려 욥의 상처를 더 악화시켰다. 평소에 믿음 좋은 사람이라고 소문난 욥이었지만, 이런 시련 앞에서는 걷잡을 수 없이 무너져 내렸다. 왜 이런 일이 자신에게 일어났는지 울부짖는 그에게 하나님이 말씀하셨다. 일반적으로 보던 로고스 말씀이 혼과 골수를 쪼개고 들어오는 레마의 말씀으로 불같이 다가왔다. 욥은 그 말씀을 들으면서 하나님을 새롭게 체험했다. 그리고 고백했다.

"내가 주께 대하여 귀로 듣기만 하였사오나 이제는 눈으로 주를 뵈옵나이다"(욥 42:5).

이것은 하나님이 열어주시는 새로운 영적 깨달음의 느낌표였다. 욥의 영혼이 이렇게 새롭게 태어나자 하나님은 욥의 다른 모든 것도 두 배로 회복시켜 주셨다.

십수 년 전, 안면마비가 와서 두 달 이상 사역을 완전히 멈추고 쉬게 되었을 때 나는 이렇게 하나님을 완전히 새롭게 체험하는 경험을 했다. 성령세례를 새롭게 체험하고 성령사역에 눈을 뜨게 되었다. 말씀의 칼에 불같은 기도의 열정을 입히니까 엄청난 기름 부으심이 내 삶과 사역 안에 넘치게 되었다. 말씀 보는 눈이 달라졌고, 설교가 달라졌고, 기도가 달라졌다. 성도를 대하고 목회를 대하는 자세가 달라졌다. 자동차로 가던 것을 비행기 타고 가는 것 같은 엄청난 성령의 업그레이드를 체험했다.

그것이 오늘날 말씀과 성령의 교회, 새로운교회의 부흥을 만든 밑거름이 되었다. 시련의 벽에 부딪쳤다고 절망하지 말자. 이때 겸손히 하나님께 엎드리면 하나님을 새롭게 체험할 것이고, 새로운 차원의 축복을 누리게 될 것이다.

믿음에 주시는 칭찬의 느낌표

복음서에 보면 예수님이 두로와 시돈 지방으로 가셨을 때 한 가나안 여자가 귀신 들린 자기 딸을 좀 고쳐 달라고 와서 애원하는 장면이 나온다. 그런데 인자하신 예수님이 이상하게도 그 여인의 요청을 처음에는 야박하게 거절하신다. 그러나 몇 번의 거절에도 그 여인은 포기하지 않고 주께 매달리며, 상에서 떨어지는 부스러기 은혜라도 달라고 애원한다. 그 여인에게 주님이 이렇게 말씀하셨다.

"이에 예수께서 대답하여 이르시되 여자여 네 믿음이 크도다 네 소원대로 되리라 하시니 그때로부터 그의 딸이 나으니라"(마 15:28).

영어성경에 보면 "Woman, you have great faith!"(여자여, 네 믿음이

엄청나구나)라고 되어 있고, 끝에는 느낌표가 찍혀 있다. 예수님이 이방 여인의 큰 믿음에 충격을 받으시고 감동 받으신 것이다. 그래서 "너 믿음 진짜 대단하다!" 하면서 칭찬의 느낌표를 찍어주셨다. 이렇게 예수님이 우리 믿음에 감동 받으시면 그때부터는 게임 끝이다. 그토록 오랜 세월 우리를 짓눌러왔던 문제가 순식간에 해결된다.

하나님은 항상 우리의 믿음을 보고 계신다. 큰 믿음은 하나님의 마음을 너무나 기쁘게 한다. 그냥 기도만 한다고 되는 게 아니라 믿음의 기도를 해야 한다. 기도했으니 하나님께서 반드시 개입하시고 역사하실 것을 믿어야 한다.

믿음이 없이는 하나님을 기쁘시게 하지 못하나니 하나님께 나아가는 자는 반드시 그가 계신 것과 또한 그가 자기를 찾는 자들에게 상 주시는 이심을 믿어야 할지니라 히 11:6

믿음의 기도는 능력이 있고, 예수님이 기뻐 격찬하시는 느낌표를 찍어주신다. 그러면 기적의 돌파구가 열릴 것이다.

확고한 믿음을 얻으라

"아멘!"은 항상 믿음의 느낌표다. "추호의 의심도 없이 그렇게 될 줄로 믿습니다!"라고 선포하는 것이다. 마가복음 9장에 보면 귀신 들린 한 아이를 사람들이 예수께 데려오는 이야기가 나온다. 상태가 너무 심각했다. 귀신이 그 아이로 하여금 말도 제대로 못 하게 하고, 툭하면 고꾸

라져 거품을 흘리게 했다. 불과 물로도 뛰어들게 했다. 그러니 사는 게 사는 게 아니다.

그런데 예수님의 제자들이 귀신을 쫓아내려 했음에도 하지 못했다. 아이의 아버지는 자신의 아들이 어릴 때부터 그랬다면서 예수님 앞에 엎드려 간청했다.

"무엇을 하실 수 있거든 우리를 불쌍히 여기사 도와주옵소서."

이때 예수님께서는 정말 중요한 말씀을 하셨다.

"할 수 있거든이 무슨 말이냐 믿는 자에게는 능히 하지 못할 일이 없느니라."

예수님은 아이의 아버지에게 "하나님의 느낌표에 물음표를 달지 말라"라고 말씀하시고 계신다. 의심하면서 기도하지 말라는 거다. 세상의 영은 의심의 영이다. 세상적으로 똑똑한 사람들은 항상 애매모호하게 말한다. 될 수도 있고 안 될 수도 있는 것처럼 말하는 이유는, 그래야 일이 어떻게 되어도 자기가 빠져나갈 구멍이 생기기 때문이다. 세상적인 사람들은 비겁하다.

그러나 예수님은 한 번도 비겁한 물음표로 대답하신 적이 없다. 무한한 능력과 무한한 사랑을 가지신 예수님은 "믿는 자에게는 능히 하지 못할 일이 없다!"라고 확실한 느낌표를 찍어버리신다. 확신의 느낌표를 선포해버리면 빠져나갈 구멍이 없어진다. 오직 정면으로 돌파할 수밖에 없다. 그러나 예수님은 주저하지 않으신다. 항상 당당하게 선포하셨고, 승률 100퍼센트로 승리하셨다.

이때 아이의 아버지가 대답한다.

"곧 그 아이의 아버지가 소리를 질러 이르되 내가 믿나이다 나의 믿음 없는 것을 도와주소서 하더라."

영어성경에는 "I do believe! Help me overcome my unbelief!"라 고 되어 있다. 즉, 두 번이나 연이어 느낌표가 찍혀 있다. 예수님의 말씀 을 듣고 아버지의 물음표 믿음이 느낌표 믿음으로 바뀐 것이다. 아니, 자신이 느낌표 믿음으로 갈 수 있도록 도와 달라고 예수님께 요청한 것 이다. 그러자 예수님이 곧 더러운 귀신을 꾸짖고 아이에게서 나오게 하 셨다.

이 아버지처럼 우리도 연약하다. 우리 모두 자꾸 의심의 물음표를 찍 는 연약한 믿음의 소유자다. 다른 사람에게 말할 때는 "믿음으로 승리 하세요"라고 말하지만, 정작 자기 발등에 불이 떨어지면 머리가 텅 비면 서 몸이 덜덜 떨린다. 그러므로 모든 상황 속에서 우리는 강한 믿음을 주시길 기도해야 하고, 예수님의 도움으로 느낌표 믿음, 확고한 믿음을 얻어야 한다. 예수님은 비겁하고 연약한 우리의 영혼을 격려하고 도전 하셔서 확신의 느낌표 믿음으로 가게 하신다.

문제를 압도하시는 예수님의 권세

저녁 무렵에 예수님과 제자들이 배를 타고 갈릴리 호수를 건너다가 큰 풍랑을 만났다. 평생 어부로 잔뼈가 굵은 제자들도 공포를 느낄 정 도의 무서운 광풍이었다. 그런데 예수님은 주무시고 계셨다. 제자들이 예수님을 깨우며 "우리가 죽게 된 것을 돌보지 않으십니까?"라고 물었다. 그때 주님이 일어나셨다.

"예수께서 깨어 바람을 꾸짖으시며 바다더러 이르시되 잠잠하라 고요하라(Silence! Be Still!) 하시니 바람이 그치고 아주 잔잔하여지더라"(막 4:39).

여기서 보면 예수님은 거친 파도를 향해 마치 아랫사람 꾸짖듯이 "잠잠하라, 고요하라"라고 말씀하신다(영어성경에는 두 번 다 느낌표가 찍혔는데, 이것은 아주 강하고 무섭게 명령하셨다는 뜻이다).

폭풍은 결코 조용히 오지 않는다. 무섭게 소리를 지르고, 엄청나게 흔들어댄다. 사람의 정신을 쏙 빼버린다. 우리 인생에 폭풍 같은 문제들이 들이닥칠 때도 마찬가지다. 사방에서 불안과 두려움의 소리들이 들려오고, 우리가 이때껏 쌓아온 모든 것을 집어삼킬 듯 인생을 흔들어댄다. 문제의 폭풍은 그렇게 우리를 위협하고 압도한다.

그런데 우리한테는 그렇게 성깔 부리며 날뛰던 문제의 폭풍이 예수님 앞에서는 꼼짝도 못 한다. 예수님이 한 마디 꾸짖으시니까 거짓말처럼 가라앉아 버린다. 문제는 우리를 압도하지만 주님은 그 문제를 압도해버리신다. 하나님의 느낌표는 문제를 압도해버리시는 예수님의 권세이다.

믿음은 바로 그 예수님의 권세를 내 권세로 붙드는 것이다. 성경을 보면 풍랑을 잠잠케 하신 예수님은 돌아서서서 제자들에게 이렇게 말씀하신다.

"어찌하여 이렇게 무서워하느냐. 너희가 어찌 믿음이 없느냐."

주무시고 계셨다고는 하나 그들의 배에는 예수님이 타고 계셨다. 천지를 다스리시는 예수님이 타고 계시는 배는 풍랑을 만날지언정 결코 침몰하지 않는다. 우리의 인생에는 예수님이 타고 계신다. 그러므로 시련과 문제의 풍랑을 만날지언정 우리 인생은 결코 침몰하지 않는다.

"예수 안에 있는 나는 결코 망하지 않는다. 지금 잠시 어려울 뿐이다. 날 집어삼킬 듯 날뛰는 문제의 파도야! 이제 내 주께서 일어나 너를 꾸짖으시면 너는 잠잠할지어다!"

그 사실을 믿고 선포하는 것이 믿음의 느낌표이다.

두려움을 물리치는 담대한 결심

느낌표는 두려움을 물리치는 믿음의 선포이다. 두려움은 스스로 물러가지는 않을 것이다. 일어나서 그것을 대적해야만 한다. 아들 압살롬의 반란군에게 밀려 수도 예루살렘을 내어주고 도망치던 늙은 다윗. 사방에서 자신의 목숨을 노리는 적들이 언제 들이닥칠지 모르는 다급한 상황에서도 그는 믿음으로 하나님을 붙잡았다.

> 군대가 나를 대적하여 진 칠지라도 내 마음이 두렵지 아니하며 전쟁이 일어나 나를 치려 할지라도 나는 여전히 태연하리로다 시 27:3

적이 몰려오고 두려움이 엄습해올 때 다윗은 수동적으로 뒤로 물러나 간신히 두려움을 견디지 않았다. 일어나 당당히 맞섰다.

"나는 여전히 태연하리로다"라는 말을 영어성경에서는 "I will be

confident"(나는 자신감을 가질 것이다)라고 한다. 즉, 다윗은 자신과 함께하시는 하나님, 반드시 자신을 지키실 하나님을 믿겠다는 것이다. 그 믿음으로 당당해질 것이고, 그 믿음으로 두려움과 정면 승부할 것을 선포한다.

이런 담대함의 느낌표가 어디서 왔을까? 다윗은 그의 마음에 두려움이 몰려올 때마다 그 앞에 항복하는 대신, 하나님 앞에 가서 엎드린다. 두려움이 찾아올 때 그저 인내하기만 해선 안 된다. 두려울수록 기도의 자리, 예배의 자리로 나가 엎드려야 한다. 두려움의 영은 하나님과의 친밀함으로 내쫓는다.

"너는 여호와를 기다릴지어다(wait for the Lord) 강하고 담대하며 여호와를 기다릴지어다"(시 27:14).

우리는 두려움의 공격 앞에 덜덜 떨며 주저앉아 있으면 안 된다. 오히려 더 담대하게 기도하고, 그분의 얼굴을 부지런히 구하고, 우리에게 주신 말씀 위에 굳게 서 있어야 한다. 변함없는 하나님의 사랑에 영혼의 닻을 내려야 한다. 그때 우리는 담대한 믿음의 느낌표를 선포할 수 있고, 그때 주께서 우리를 두렵게 하는 자들에게 오히려 두려움을 심으셔서 쫓아주실 것이다.

축복의 미래가 열리게 하라

아무리 현실이 절망 같아도 하나님의 느낌표가 찍힐 때는 우리를 위해 새로운 미래가 열린다는 뜻이다. '보라 내가 새 하늘과 새 땅을 창조

할 것'이라는 이사야서의 선포는 이스라엘이 70년 바벨론 포로 생활의 고통 속에 신음할 때 주어진 것이다. 그들의 압제자 바벨론은 오늘날 미국과 중국을 합쳐 놓은 것 같은 당시 세계 최강대국이었다. 그들의 조국 유다는 이미 망해버렸고, 그들을 불쌍히 여기고 도와줄 사람은 세상 그 어디에도 없다.

그런 절망적인 상황 속에 있는데, 하나님은 '너희를 위하여 새 하늘과 새 땅을 창조해줄 것'이라고 하신다. 하나님의 종들은 기뻐하게 될 것이고, 예루살렘은 즐거운 성으로 다시 태어날 것이라고 하신다.

지금 전반전 스코어로 봐서는 패배가 확실시 될 정도로 밀려 있는데, 후반전 스코어는 눈부신 역전 승리로 끝날 것이라고 하신다. 하나님의 느낌표는 절망 속에 있는 사람에게 대역전의 미래를 약속해주신다.

예수님의 부활 사건도 그랬다. 예수님의 십자가 죽음은 당시 주님을 따랐던 모든 이들에겐 절망이었다. 그런데 하나님께서 그 절망을 사흘 만에 부활의 기쁨으로 바꾸어주셨다. 성령의 시대로 가는 길이 열렸다. 그때부터 그들은 이전과는 전혀 다른 담대한 영적 전사들이 되었다. 함께 복음을 들고 예루살렘과 유대와 사마리아와 땅 끝으로 달려나가게 되었다. 그 누구도 그들을 막을 수 없었다.

하나님은 우리에게 성령의 새로운 시즌을 열어주실 것을 약속하신다. 세상은 앞으로 모든 것이 힘들 것이라는 암울한 미래의 전망을 내어놓는다. 그러니 세상만 바라보고 있으면 우리는 축 처지게 되어 있다. 우리는 이제 눈을 들어 하늘을 보아야만 한다. 땅의 자원은 다 바닥나 버렸지만, 하늘의 자원은 무한하다고 하신다. 사방을 보면 길이 다 막혔는데, 하늘을 보면 돌파구가 열렸다고 하신다.

믿음으로 주님을 바라보는 자의 미래에는 하나님께서 항상 기적의 느낌표를 찍어주신다. 모세 앞에서 홍해를 갈라주셨고, 여호수아 앞에서 여리고를 무너뜨려주셨던 하나님께서 우리의 앞길에도 기적의 돌파구를 열어주실 줄 믿는다. 그 믿음으로 나가는 우리에게 오늘부터 성령의 새로운 시대가 열릴 것이다. 하나님을 기대하라!

CHAPTER 11

하나님의 느낌표 plus
승리를 선포하라

내가 고통 중에 여호와께 부르짖었더니 여호와께서 응답하시고
나를 넓은 곳에 세우셨도다 여호와는 내 편이시라 내가 두려워
하지 아니하리니 사람이 내게 어찌할까 여호와께서 내 편이 되
사 나를 돕는 자들 중에 계시니 그러므로 나를 미워하는 자들에
게 보응하시는 것을 내가 보리로다 여호와께 피하는 것이 사람
을 신뢰하는 것보다 나으며 여호와께 피하는 것이 고관들을 신
뢰하는 것보다 낫도다 뭇 나라가 나를 에워쌌으니 내가 여호와
의 이름으로 그들을 끊으리로다 그들이 나를 에워싸고 에워쌌으
니 내가 여호와의 이름으로 그들을 끊으리로다 그들이 벌들처
럼 나를 에워쌌으나 가시덤불의 불 같이 타 없어졌나니 내가 여
호와의 이름으로 그들을 끊으리로다 너는 나를 밀쳐 넘어뜨리려
하였으나 여호와께서는 나를 도우셨도다 여호와는 나의 능력과
찬송이시요 또 나의 구원이 되셨도다 의인들의 장막에는 기쁜
소리, 구원의 소리가 있음이여 여호와의 오른손이 권능을 베푸시
며 여호와의 오른손이 높이 들렸으며 여호와의 오른손이 권능을
베푸시는도다
시 118:5-16

성경은 선포의 책이다.

창세기에서부터 요한계시록까지 하나님의 선포가 가득하다. 태초에 하나님께서 흑암과 혼돈에 가득 찬 우주를 향하여 "빛이 있으라"라고 선포하시는 것으로 천지창조가 시작되었다. 태초에 하나님이 선포하신 말씀으로 인해 모든 살아 있는 것들이 탄생했다.

하나님의 말씀은 곧 하나님의 선포였다. 선포는 세미나나 토론이 아니라 일방적 선언이다. 능력이 무한하신 하나님이 자신의 명예를 걸고 반드시 이뤄진다고 보장하시는 것이다. 하나님이 축복을 선포하시면 축복받고, 저주를 선포하시면 저주받는다. 절대자 하나님께서 선포하시면 바로 현실이 되고, 역사가 된다. 이런 맥락에서 하나님의 말씀은 가장 파워풀한 하나님의 느낌표다.

에스겔이 환상에서 본 골짜기의 마른 뼈들은 하나님의 말씀이 선포되자 뼈가 붙고 살이 입혀지며 살아나기 시작했다. 하나님의 말씀이 선포되면 하나님의 생기가 들어간다. 하나님의 생기는 모든 죽은 것들을 다시 살려낸다. 하나님의 말씀이 선포되면 사람을 살리고, 교회를 살리고, 지역을 살리고, 한 시대를 살린다. 예수님의 보혈로 거듭난 하나님의 사람이 성령의 감동으로 선포하면, 그 선포에도 하늘의 능력이 실린다.

설교를 영어로 '프리칭'(preaching)이라고 하는데, 이 말은 '프로클레메이션'(proclamation, 선포)에서 왔다. 설교는 하나님의 살아 있는 말씀을 선포하는 것이며, 그 말씀을 타고 하늘의 생기가 듣는 이들에게 흘러 들어간다. 하나님의 자녀들이 깨끗한 심령으로 그 말씀을 받으면 치유와 기적이 일어난다.

예수님의 선포들

예수님의 공생애 기간에도 모든 역사는 예수님의 선포로 일어났다. 구원 사건도 주님의 선포였다. 여리고의 세리장 삭개오의 집에 가서서 "오늘 구원이 이 집에 이르렀다"라고 선포하셨다. 삭개오는 모두가 경멸하던 세리장이었다. 작은 키 때문에 열등감도 많았던 사람이다. 그러나 주님이 선포하시니 그 집안 전체가 구원받는 놀라운 축복이 주어졌다. 예수님의 선포는 그렇게 황무지에서 꽃이 피게 한다.

사도들도 가는 곳마다 예수님의 이름으로 구원을 선포했다.

> 이르되 주 예수를 믿으라 그리하면 너와 네 집이 구원을 받으리라 행 16:31

이런 선포가 베드로를 통해, 바울을 통해 계속 흘러나왔고, 그때마다 그 집에 구원이 임했다. 오늘날에도 하나님의 종들이 어느 개인이나 가정을 만날 때 성령이 감동을 주셔서 구원을 선포하게 하시는 때가 있다.

구원은 자기 힘으로 노력해서 얻어지는 것이 아니라 하나님의 은혜로 말씀의 선포를 타고 오는 것이다.

예수님은 먼저, 우리가 하나님께 영광스럽게 쓰임 받을 것을 선포하신다. 그분은 보잘것없는 갈릴리의 어부였던 베드로에게 "내가 너를 사람을 낚는 어부가 되게 하리라"라고 선포하셨다. 성격도 급하고, 실수가 많고, 여러모로 너무나 부족했던 베드로였지만, 결국은 예수님의 선포대로 수많은 사람들을 주께 돌아오게 하는 초대교회의 놀라운 영적 지도자가 되었다. 주님은 보잘것없는 우리에게 항상 지금보다 주님이 함께하실 미래의 가능성을 선포해주시고, 실제로 그렇게 이뤄주신다.

그렇기에 우리도 사람에 대해 함부로 평가하고 판단하지 말아야 한다. 우리가 기도하며 예수님의 눈으로, 성령의 눈으로 사람을 보면 세상이 보지 못하는 가능성을 볼 수 있을 것이다. 그러므로 먼저 자신이 하나님께 놀랍게 쓰임받기를 선포하라. 그리고 주위 사람들이 하나님께 놀랍게 쓰임받기를 선포하라. 우리 교회가 하나님께 놀랍게 쓰임받기를 선포하라. 우리의 사업장이 하나님께 놀랍게 쓰임받기를, 이 나라가 하나님께 놀랍게 쓰임받기를 선포하라.

둘째, 예수님은 우리에게 치유와 회복을 선포하신다. 예수님이 말씀하시니, 소경 바디매오가 눈을 떴다. 예수님이 말씀하시자 나병환자가 깨끗함을 입었다. 예수님이 말씀하시자 귀신 들린 사람에게서 귀신들이 나갔다. 지금도 주께서는 우리에게 치유와 회복을 선포해주실 줄 믿는다. 그러므로 육신이 약함으로 주님의 일을 하고 싶어도 하기 어렵다면 자신의 몸 위에 손을 얹고 믿음으로 선포하라.

"예수의 이름으로 치유가 있을지어다! 회복이 있을지어다!"

예수님이 선포하시면 죄 문제가 해결된다. 육체의 병과 영혼의 죄 문제는 다 연결되어 있다. 예수님은 침상에 누운 채 실려온 중풍병자에게 "네 죄 사함을 받았다"라고 선포하신 후에 그의 병을 고쳐주셨다.

간음죄로 끌려와서 돌에 맞아 죽기 직전의 여인에게 "나도 너를 정죄하지 않는다. 가서 다시는 죄를 범하지 말라"라고 선포하셨다. 죄 문제로 시달리는 모든 사람들은 예수님의 선포 앞에서 죄에서 자유하게 될 것이다.

셋째, 예수님은 생명을 선포하신다. 회당장 야이로의 딸이 죽었을 때, 주님은 이 아이가 살았다며, 그저 잠들었을 뿐이라고 말씀으로 선포하셨다. 결국 주님이 선포하신 대로 아이가 일어났다. 주님이 죽은 나사로의 무덤을 향해 "나사로야, 나오라"라고 말씀하시자 그 말씀을 타고 생기가 무덤으로 들어갔고, 나사로는 살아났다. 죽은 지 나흘이나 되어 시체 썩는 냄새가 나던 절망적인 존재가 주님의 말씀이 떨어지자 다시 살아난 것이다.

예수님이 선포하시면 죽은 것들이 살아난다. 지금 인생의 어느 부분이 죽어 있다면 예수님의 말씀의 선포를 갈망하라. 예수님의 선포로 인해 그곳이 살아나기 시작할 것이다.

넷째, 주님의 선포는 정체되어 있던 상황이 순식간에 풀리도록 급속한 은혜를 주실 수 있다. 예수님의 선포는 순식간에 상황을 반전시킬 수 있다. 요한복음 2장에 나오는 가나의 혼인잔치 기적을 생각해보라. 예수님이 말씀하시니 물이 변하여 포도주가 되었다는 기적을 우리는 너무 무덤덤하게 받아들이는 경향이 있다. 그러나 포도주를 만드는 과정은 결코 쉽지 않다.

먼저 포도나무를 심어서 포도가 나오는데 몇 년은 걸리고, 포도가 익으면 그것을 잘 거두어서 포도주 만들 준비를 한다. 그래서 3-5년은 있어야 그냥 평범한 수준의 포도주가 만들어진다. 그보다 좋은 양질의 포도주는 최소한 5년에서 7년은 걸려서 만들어진다. 최상품 와인은 보통 20, 30년은 되어야 가치를 쳐준다. 그런데 주님은 가나의 혼인잔치에서 최상품 와인을 단 몇 분 만에 만들어 내셨다. 인간적인 능력으로는 수십 년 걸릴 일이 주님의 손에서는 단 몇 분에 해결될 수 있다.

미국 중부에 작은 규모의 건설업체를 운영하는 신실한 크리스천 CEO가 있었다. 하루는 관청에 중요한 허가를 받아야 할 것이 있어 서류를 들고 갔는데, 담당 공무원이 너무나 불친절하고 무례했다. 급하고 중요한 서류이니 좀 서둘러 처리해주길 바란다고 공손하게 말하자, 공무원은 대뜸 화를 벌컥 냈다.

"이봐요, 여기가 당신 일만 처리해주는 곳인 줄 알아요? 지금 당신 전에 들어온 서류들도 너무 밀려 있어서 적어도 2년은 걸려야 당신 서류가 처리될 거요."

크리스천 CEO는 너무 놀라서 다시 부탁했다.

"2년이라고요? 그러면 우리 사업은 큰일납니다. 좀 더 빨리 될 수 없을까요?"

공무원은 더 화를 내면서 이렇게 말할 뿐이었다.

"아니 이 사람이, 하늘이 두 쪽 나도 안 되는 건 안 되는 거요."

하지만 크리스천 CEO는 마음을 진정시키면서 말했다.

"할 수 없지요. 하지만 저는 하나님을 믿는 사람입니다. 저는 최선을 다해 서류를 준비했으니 이제 이 서류가 좀 더 빨리 처리될 수 있도록 기도하겠습니다. 하나님이 도와주실 줄 믿습니다."

그러자 공무원은 냉소적인 웃음을 띠며 말했다.

"마음대로 해보쇼. 어디 한번 실컷 기도해보쇼. 내가 이곳 책임자로 있는 한 이 서류는 2년 안에는 절대 처리될 수 없을 거요."

그런데 약 한 달 후에 이 크리스천 CEO에게 관청으로 다시 들어오라고 연락이 왔다. 갔더니 그 공무원이 피곤한 표정으로 말했다.

"당신 서류 처리가 끝났소. 허가가 났으니 이 사업 프로젝트를 진행해도 좋소."

크리스천 CEO가 놀라서 물었다.

"아니 2년 안에는 절대 안 된다면서요?"

그러자 그 공무원이 하는 말이 이랬다.

"물론 그렇소. 그런데 말이요, 당신이 그러고 돌아간 후에 밤낮으로 당신 생각이 내 머릿속에서 떠나질 않소. 아침에 일어나도 당신 생각, 낮에 커피 마실 때도 당신 생각, 밤에 잘 때도 당신 생각…. 내가 하루에도 수십 건이 넘는 케이스를 다루는데, 왜 하필 당신 케이스 생각을 이렇게 지울 수 없는 지 알 수가 없소. 나는 이제 당신 생각하는 게 지긋지긋해요. 자, 서류가 다 처리되었으니 빨리 돌아가시오."

신명기 9장에 보면 하나님께서 약속의 땅 가나안 진입을 앞둔 이스라엘 백성에게 말씀하셨다.

> 이스라엘아 들으라 네가 오늘 요단을 건너 너보다 강대한 나라들로 들어가서 그것을 차지하리니 그 성읍들은 크고 성벽은 하늘에 닿았으며 크고 많은 백성은 네가 아는 아낙 자손이라 그에 대한 말을 네가 들었나니 이르기를 누가 아낙 자손을 능히 당하리요 하거니와 오늘 너는 알라 네 하나님 여호와께서 맹렬한 불과 같이 네 앞에 나아가신즉 여호와께서 그들을 멸하사 네 앞에 엎드러지게 하시리니 여호와께서 네게 말씀하신 것같이 너는 그들을 쫓아내며 속히 멸할 것이라 신 9:1–3

그렇다. 우리가 하나님의 길을 갈 때 하나님께서 우리보다 앞서 가신다는 사실을 기억하라. 가는 길에 단시간에 극복하기 힘든 장애물에 마주칠 때도 있을 것이다. 그러나 하나님께서 역사하시면, 2년 걸릴 일이 한 달 만에 끝나기도 한다. 선포된 하나님의 느낌표 말씀은 초고속 액셀러레이터이기도 한 것이다.

문제들에게 믿음으로 선포하라

내가 진실로 너희에게 이르노니 누구든지 이 산더러 들리어 바다에 던져지라 하며

그 말하는 것이 이루어질 줄 믿고 마음에 의심하지 아니하면 그대로 되리라 막 11:23

여기서 '산'을 우리 앞을 막고 있는 문제들이라고 생각해보라. 산들은 크고 단단하다. 영원히 그 자리에 있을 것만 같다. 그러나 하나님께서 는 그 산 같은 문제에게 믿음으로 명령하면 기적이 일어날 것이라고 말 씀하신다.

우리는 항상 문제에 '대하여' 이야기한다. 주변 사람들에게 이야기하 고, 자기 자신에게 이야기하고, 하나님께 이야기한다. 그러나 문제에 대 하여 이야기하는 것만으로는 해결이 되지 않는다. 답답하고 불안해지 기만 한다. 어느 시점이 되면 우리는 우리의 문제를 **'향하여'** 이야기해야 한다. 우리의 문제를 **'향하여'** 하나님의 말씀을 선포해야 한다. 믿음으 로 승리를 선포해야 한다.

예수님이 한 동네를 지나가실 때 열매가 없는 무화과나무를 보시고 저주하셨다. 당장은 아무 일도 일어나지 않는 것처럼 보였다. 그러나 얼 마 후에 그 동네로 다시 돌아왔을 때 그 나무는 완전히 말라 죽어 있었 다. 마찬가지로, 우리가 문제를 향하여 명령할 때 당장은 아무 일도 안 일어나는 것처럼 보이지만, 보이지 않는 영적 세계에서는 엄청난 일이 일 어나기 시작한다.

하나님께서 우리의 전쟁을 대신 싸워주신다. 하늘의 천사들이 바삐 움직이며 하나님의 명령을 받아 우리 앞의 산을 치우기 시작한다. 돌파 구가 열리고, 치유가 일어나며, 은혜의 강물이 밀려든다. 우리 힘으로 해결할 수 없던 문제가 기적같이 해결되기 시작한다.

우리의 문제에 '대하여' 기도하지만 말고, 우리의 문제를 **'향하여'** 선포하기 시작하라. 하나님의 능력과 기적을 선포하기 시작하라. '산에게 명령하라'라는 말이 바로 그 말이다. 우리가 예수님의 이름을 믿고 우리 앞에 놓인 산에게 선포하면 믿지 못할 일들이 일어나기 시작한다.

너무나 많은 사람들이 하나님께 자신의 앞을 가로막은 산이 얼마나 큰지를 말씀드리는 데 대부분의 힘을 소비한다. 그러나 어느 시점이 되면 우리는 우리 앞을 가로막은 산에게 우리 하나님이 얼마나 크신지를 선포해야 한다. 다윗은 다들 두려워하는 골리앗을 향하여 자신의 하나님이 얼마나 강하신 분인지를 선포했다. 그를 본받아 이렇게 선포해보자.

"내 앞을 가로막고 있는 절망의 산, 슬픔의 산, 경제적 어려움의 산, 병든 육체의 산, 깨어진 관계의 산, 실패와 좌절의 산들에게 내가 나사렛 예수의 이름으로 명령한다. 들리어 바다에 던져질지어다. 이것은 끝이 아니다. 너는 나를 무너뜨리지 못할 것이다. 너는 이 세상의 무기로 나를 압박해 오고 있지만, 나는 하늘의 능력으로 너를 물리칠 것이다. 십자가 보혈의 능력이 나와 함께할 것이다. 악하고 거짓된 사람들의 비난과 저주에 나는 무릎 꿇지 않을 것이다. 나를 판단하실 이는 오직 하나님뿐이시다. 하나님의 자녀인 내가 기도하는 이 순간, 하늘과 땅의 모든 권세가, 천군천사들이 나를 도우러 올 것이다.

내가 죽지 않고 살아서 오직 하나님의 영광을 선포하리로다. 나는 저주받은 자가 아니라 축복받은 자다. 내 인생을 향한 하나님의 생각은 재앙이 아니라 평안이다. 주님이 죽음을 이기고 승리하셨듯이, 나 또한 이 고통을 이기고 승리할 것이다. 예수 안에 있는 나에게 결코 정죄함 없다. 예수 이름으로 승리를 얻을 줄 믿고 선포하노라."

중요한 사실은 산을 향해 명령하는 일은 그 누구도 대신해줄 수 없다는 것이다. 우리 앞을 가로막고 있는 산에게 우리 자신이 예수님의 이름으로 "사라져라"라고 선포해야 한다. 각자가 마주하고 있는 산이 다 다르기에 다른 사람이 우리의 산이 없어지라고 대신 선포해줄 수 없다. 하나님은 우리가 서 있는 자리에서 우리 앞의 산을 우리 자신의 믿음으로 선포하여 하나님을 초대하길 원하신다.

물론, 형제자매의 중보기도 지원을 받을 수는 있다. 그러나 그들이 우리 앞에 놓인 산이 없어지라고 대신 선포해줄 수는 없다. 각자의 선포는 각자의 몫이다. 각자의 거룩과 각자의 믿음에 달렸다. 메인 경기는 우리 자신이 해야 한다. 우리의 산은 오직 우리의 선포에만 반응할 것이다.

하나님의 섭리를 신뢰하라

우리 앞을 가로막고 있는 문제는 태산 같기도 하지만 폭풍 같기도 하다. 우리 인생에 갑자기 전혀 예상치 못했던 폭풍 속으로 휘말려 들어갈 때가 있다. 이때 우리는 파도와 싸우지 말고 파도에 몸을 맡겨야 한다. 많은 경우, 우리를 폭풍 속으로 휘몰아가면서 우리를 흔들어대는 그 상황은 우리를 죽이기 위한 것이 아니라 우리를 새로운 시즌으로 데려가기 위한 하나님의 역사이기 때문이다.

하나님께서는 우리의 평온한 현재 상태를 마구 흔들어버리셔서 우리가 당황하고 비명을 지르게도 하신다. 놀랍고, 충격적이고, 불편한 상황으로 휘말려 들어가는 것이 당혹스럽다. 그러나 하나님이 우리를 이 상태에 놔두기에는 우리를 너무나 사랑하신다. 그러므로 인생이 예기치 않은 폭풍 속에 들어갔을 때 오히려 담대하게 축복의 미래를 선포하라.

하나님께서는 초자연적인 능력으로 닫힌 문을 열기도 하시지만, 초자연적 능력으로 열린 문을 닫기도 하신다. 하나님은 실수가 없이 우리 인생의 한걸음 한걸음을 인도하신다.

믿었던 친구가 우리를 배신하고, 사랑하는 사람을 잃어버리고, 평생 몸담을 것이라고 생각했던 회사에서 좌천되거나 내침을 당하고, 지금까지 돌봐주던 사람들이 사라져버리거나, 갑자기 건강을 잃어버리거나, 하고 싶었던 프로젝트가 좌절되고 원치 않았던 다른 일을 하게 되는 것들이 모두 당시에는 너무 힘든 폭풍들이다. 그러나 이 모든 폭풍들이 다 하나님의 섭리 안에 있음을 믿으라. 이 모든 변화들을 우리는 부정적으로 받아선 안 된다. 특히 실패와 좌절이라고 느껴지는 변화들이라 할지라도 쉽게 나쁘게만 판단해선 안 된다.

오래전 미국 남부에서 30년이 넘게 한 주택개량용품(Home Improvement) 회사에서 일한 사람이 있었다. 그 회사는 미국 전역에 도매상 지점을 갖고 있었다. 이 사람은 회사 창립 초창기부터 30년이 넘게 헌신적으로 일했고, 회사가 이토록 크게 성장한 데는 그의 공헌이 절대적이었다.

어느 날 회사 간부회의에서 구조 조정안을 만들었는데, 이 사람을 내

보내기로 결정되었다. 이 사람은 너무 놀랐고, 너무 낙심했으며, 배신감마저 느꼈다. 그러나 그는 절망하며 주저앉지 않았다. 그는 친구들 몇 명을 모아서 작은 주택개량용품회사를 창업했다. 그리고 그 회사는 곧 미국에서 가장 크고, 가장 성공적이며 전국에 수많은 체인점을 갖춘 건축자재 및 인테리어 디자인 도구 판매 대기업으로 발전했다. 미국 사람이라면 모르는 사람이 없는 대기업 '홈 디포'(Home Depot)의 창립 스토리다.

요나가 큰 물고기에게 삼켜졌을 때, 그리고 시커먼 물고기 배 속에 들어갔을 때 그는 죽었다고 생각했을 것이다. 그러나 실은 시커먼 바닷물로부터 하나님이 그를 구원하시는 중이었다.

이렇듯 실제로는 하나님이 우리를 구원하시는 중이지만, 우리는 하나님이 우리를 죽이시는 것처럼 느낄 때가 있다. 갑자기 내 인생이 폭풍에 휘말려 들었기 때문이다. 그러나 폭풍에 충격을 받았을 뿐 하나님이 나를 죽이시려는 게 아니라, 새로운 차원으로 데려가시려는 것임을 기억하자. 그럴수록 "내가 죽지 않고 살아서 여호와께서 하시는 일을 선포하리로다"(시 118:17)라고 선포하라.

선포를 점검하라

선포할 때 주의해야 될 점들이 몇 가지 있다. 명심할 것은 선포를 아무렇게나 함부로 남발해선 안 된다는 사실이다. 무조건 하나님 말씀을 인용해서 선포한다고 다 되는 것이 아니다.

특히 잘못된 동기로 하나님 뜻에 어긋나는 말씀을 인용하면 안 된다. 말씀은 짝을 잘 맞춰서 읽어야 한다. 마귀도 말씀을 잘 인용했다는 것을 기억하라. 그들은 우리의 욕심을 채우기 위해 말씀을 이용하라고 유혹한다.

예를 들어 예수님이 40일 금식 후에 마귀에게 유혹 받으셨을 때를 생각해보라. 마귀는 예수님을 성전 높은 꼭대기로 데리고 가서 뛰어 내리라고 했다. 그러면서 시편 말씀을 인용했다. 성경 말씀임은 분명했지만, 이럴 때 쓰라고 주신 말씀이 아니었다.

문맥과 전혀 상관없는 성경 말씀을 교묘히 끄집어내서 우리의 욕심을 채우려고 말씀을 선포해서는 안 된다. 그것은 말씀을 이용해서 자기 욕심을 정당화하려는 행위일 뿐이다. 예를 들어, "무엇이든지 원하는 대로 구하라 그리하면 이루리라"라는 말씀을 자주 인용하는데, 요한복음 15장 7절에 나오는 이 구절을 이해하려면 앞뒤 말씀과 함께 전체를 제대로 봐야 한다.

> 너희가 내 안에 거하고 내 말이 너희 안에 거하면 무엇이든지 원하는 대로 구하라 그
> 리하면 이루리라 요 15:7

즉, 이 말씀은 주님과 동행하는 삶, 주님의 말씀에 순종하는 삶을 사는 것을 전제로 해서 기도의 응답을 약속하고 있다.

그런 맥락에서 회개하지 않은 죄를 품은 채로 선포하면 안 된다. 가

데스바네아에서 불순종한 이스라엘 백성에게 하나님께서는 약속의 땅이 아닌 광야로 다시 들어가 연단을 받으라고 하셨다. 그런데 이스라엘 백성은 자신들의 잘못을 인정하면서도, 광야로 돌아가라는 말씀을 듣지 않고 무모하게 약속의 땅 안으로 진격해 들어갔다. 하나님께서 함께하시지 않으니 가나안 군대에게 대패해서 쫓겨났다. 말씀에 순종하지 않는 반쪽짜리 회개를 하니까 선포하고 진격해도 패배한 것이다. 우리 안에 남아 있는 묵은 죄들을 내어놓고 회개할 때, 우리의 선포에 하나님의 기름 부으심이 임할 것이다.

회개 없는 회복은 없다. 거룩하지 않은 그릇으로 하나님의 복을 담아낼 수는 없다. 죄 문제를 해결하지 않으면 아무리 선포해도 그 선포에 영적 힘이 붙지 않는다. 하나님의 권세가 실리지 않는다. 그러니 마귀가 어찌 그 선포를 두려워하겠는가. 진실한 회개로 십자가 보혈을 통과한 자의 선포만이 능력이 있다.

또한 하나님과 관계가 없으면서 함부로 선포하면 안 된다. 사도행전에 나오는 제사장 스게와의 아들들이 예수의 이름으로 "귀신아 나가라"라고 선포했다. 그러나 귀신은 나가지 않았고, 오히려 그들이 귀신 들린 사람에게 흠씬 두들겨 맞는 수모를 당했다. 그때 귀신이 그들의 실패 원인을 정확히 말해주었다.

"내가 예수도 알고 바울도 알거니와 너희는 누구냐?"(행 19:15).

예수님과 바울은 한 영이기에 마귀도 바울을 두려워했다. 그러나 예수님과 한 영이 아닌 이들의 선포는 힘이 없다는 것이다. 예수님도 분명히 "너희가 내 안에 거하고 내 말이 너희 안에 거하면 무엇이든지 원하는 대로 구하라 그리하면 이루리라"라고 말씀하셨다. 하나님과 친밀한 사람은 하나님이 알고, 그 사람이 알고, 마귀가 안다.

소년 다윗은 거인 골리앗과 맞서 하나도 기죽지 않고 승리를 선포하며 나갔다. 자신의 하나님에 대한 자신감이 있었기 때문이다. 다윗은 평소 하나님과의 깊은 교제를 통해서 하나님의 능력을 확신했다. 하나님에 대한 자신감이 있어야 담대한 믿음의 선포를 할 수 있다. 그래야 그선포에 귀신이 떨고, 산이 무너지는 역사가 일어난다.

하나님과 얼마나 친한가? 얼마나 기도하는가? 얼마나 말씀을 묵상하는가? 기도와 말씀으로 쌓인 하나님과의 친밀함이 있어야 그 선포에 하늘의 능력이 실릴 것이다. 기도의 시간, 말씀 묵상의 시간을 만들어 하나님과 깊이 교제하자. 그래야 우리의 선포에 하늘의 능력이 실릴 것이고, 그래야 우리의 선포 앞에 마귀가 두려워 도망갈 것이다.

그리고 영적 분별력 없이 사람들이 듣기에 좋은 말만 선포해선 안 된다. 예레미야 선지자 때 거짓 선지자 하나냐는 사람들이 듣기 좋은 달콤한 말만 선포했다. 바벨론의 권세가 얼마 가지 못할 것이고, 포로 된 자들은 곧 돌아올 것이라고 선포했다. 그러나 그것은 거짓이었다. 하나냐는 성령의 사람이 아니었고, 영적 분별력이 없었다. 그래서 사람들이 듣고 싶어 하는 말을 하나님 말씀을 빙자해서 전했다. 듣기는 좋았지만 잘못된 선포를 한 것이다. 그 말은 이뤄지지 않았고, 거짓된 선포를 한 하나냐는 하나님의 심판을 받았다.

하나님은 우리가 듣고 싶은 말이 아니라 들어야 할 말을 주신다. 늘 성령께 우리의 영안을 맑게 해주시길 기도하라. 영적 분별력을 가지고 정확하게 하나님 마음에 합한 선포를 할 수 있도록 말이다.

물론 우리가 선포한 대로 즉시 이뤄지지 않을 수도 있다. 스피드 시대, 인스턴트 시대를 사는 우리에게는 인내심이 부족하다. 선포한 대로 금방 이뤄지지 않으면 틀린 것이라고 생각한다. 그러나 많은 믿음의 영웅들은 분명한 말씀의 선포를 받고도 그 열매를 보기까지 시간이 걸렸다.

하나님은 아브람에게 "네 자손이 하늘의 별과 같이 많아질 것이다"라고 선포해주셨다. 아브람도 그것을 믿음으로 받고 선포했다. 그러나 실제로 이삭이 태어나기까지는 그로부터 25년이 흘러야 했다. 하나님의 선포는 즉시 이뤄질 때도 있지만 아브람의 경우처럼 25년, 아니 그 이상이 걸릴 때도 있다.

하나님의 시간표를 믿음으로 기다려라. 여리고성은 조금씩 서서히 무너져간 것이 아니다. 처음에는 아무런 변화도 감지되지 않았다. 그러나 인내심을 가지고 기다리자 일곱째 되는 날 갑자기 확 무너졌다. 하나님의 역사는 이뤄지기 직전까지 아무 일도 없다가 갑자기 이루어질 수도 있다.

이렇게 선포하라

잠언의 말씀을 기억하자.

죽고 사는 것이 혀의 힘에 달렸나니 혀를 쓰기 좋아하는 자는 혀의 열매를 먹으리라

이는 우리의 말대로 이루어지게 하신다는 것이다. 하나님은 그 자녀의 입술에 권세를 담아주셨다. 우리가 하나님의 영으로 충만하며, 하나님께 순종하는 삶을 살아간다면, 우리가 믿음으로 선포하는 말이 현실이 되는 축복을 누릴 것이다.

자, 그러면 이제 구체적으로 어떻게 우리 삶 구석구석에서 승리를 선포하며 살 것인지 생각해보자. 그걸 알려면 성경에서 하나님께서 보여주신 선포의 대상들을 살펴볼 필요가 있다.

하나님께서 어떤 장소에 대한 축복을 선포하실 때가 있다. 그것도 의외의 장소를 놀랍게 축복하신다고 선포하실 때가 있다.

또 유대 땅 베들레헴아 너는 유대 고을 중에서 가장 작지 아니하도다 네게서 한 다스리는 자가 나와서 내 백성 이스라엘의 목자가 되리라 하였음이니이다 마 2:6

전에 고통 받던 자들에게는 흑암이 없으리로다 옛적에는 여호와께서 스불론 땅과 납달리 땅이 멸시를 당하게 하셨더니 후에는 해변 길과 요단 저쪽 이방의 갈릴리를 영화롭게 하셨느니라 사 9:1

베들레헴이나 갈릴리는 당시 아무도 주목하지 않던 시골 동네였다.

이력서에 그곳 출신이라고 쓰면 비웃음 당하고 무시당하기 십상인 곳이 었다. 그러나 베들레헴에서는 룻과 보아스가 만났고, 그 혈통에서 나윗 왕과 예수님이 태어나셨다. 갈릴리에서는 예수님이 열두 제자들과 더불 어 엄청난 사역을 행하셨다. 세상 사람들이 뭐라 하든 상관없다. 하나 님이 그 장소를 쓰겠다고 선포하시면 그 장소는 그 어떤 화려한 대도시 보다 놀랍게 쓰임 받을 것이다.

반대로 어떤 장소에 대해 저주를 선포하실 때도 있다. 바벨론이나 두 로 같은 곳은 인간적으로 잘나가는 화려한 장소였지만 하나님이 저주 하시니 역사에서 사라졌다. 인간적으로 잘나가는 것 같은 화려한 장 소와 지역을 보고 너무 위축될 것 없다. 만약 그 장소가 하나님을 진노 케 하고 회개하지 않으면 금방 무너져 버릴 수도 있다. 그러므로 우리의 집, 동네, 회사가 있는 곳이 우리로 인해 복 받기를 선포하라.

또한 하나님께서 어떤 시간을 축복하시는 때가 있다.

이르시되 내가 은혜 베풀 때에 너에게 듣고 구원의 날에 너를 도왔다 하셨으니 보라 지금은 은혜 받을 만한 때요 보라 지금은 구원의 날이로다 고후 6:2

가을이 되기 전에는 아무리 노력해도 추수할 수가 없다. 마찬가지로 하나님의 역사도 하나님의 때가 오기 전에는 결코 일어나지 않는다. 성 령을 불같이 부어주시는 때, 은혜를 불같이 부어주시는 때가 있다. 한국 교회에 부흥의 때가 지나갔다고들 하지만, 나는 결코 그렇게 생각하지 않는다. 지금 한국 교회의 어려움은 새로운 부흥, 진짜 부흥을 위한 연단과 준비의 기간이라고 믿는다. 오히려 나는 이제부터 하나님의 기름 부으심이 임하는 때가 올 것을 믿는다. 지금이 바로 하나님이 복 주시는 시간, 부흥의 시간, 은혜의 시간이 될 줄로 믿는다.

과거를 향해 승리를 선포하라. 아무것도 후회하지 말라. 과거의 죄와 실패일지라도 후회하지 말라. 정상에 올라 놀라운 장관을 감상하는 사람은 산을 오르면서 바위나 덤불에 걸려 넘어졌던 일을 떠올리며 속상해하지 않는다. 우리도 그래야 한다.

어제 일은 모두 잊고 새 날이 주는 풍성한 복을 흠뻑 받으라. 인간은 하루의 무게만 감당할 수 있도록 만들어졌다. 그러니 지난날의 무게와 앞날의 무게를 모두 지다가는 등이 부러질 수도 있다. 우리의 과거의 짐은 이미 주님이 모두 가져가셨다. 아직도 과거의 아픈 기억이 트라우마가 되어 발목을 잡고 있다면, 나사렛 예수의 이름으로 그 상처로부터 자유롭게 될 것을 선포하라. 주님이 내 눈물을 모두 닦아주셨음을 선포하라. 더 이상 주님이 해결해주신 과거를 사탄이 나를 괴롭히는 도구로 삼지 못한다고 선포하라.

미래를 향해 승리를 선포하라. 미래는 전문가들도 잘 예측하지 못한다. 아무도 가보지 않은 길이라 다들 두렵고 떨린다. 그러나 하나님은 미래를 아신다. 그 하나님이 우리와 함께 가신다. 죽음 너머까지도 함께 하신다. 그러니 불확실한 미래도 하나님과 함께 가면 반드시 승리할 것을 믿는다.

"주님, 지금까지 이끌어오신 하나님이 내일에도 승리를 주실 줄 믿습니다!"

그리고 하나님께서 어떤 사람을 세우기로 선포하시는 때가 있다. 누가복음 3장에 나오는 세례 요한의 등장을 생각해보라. 그 당시 제도권은 예루살렘에서 정식 코스를 밟은 제사장만을 영적 지도자로 여겼다. 그러나 하나님은 빈 들에서 하나님의 사람 세례 요한을 세우셔서 사용하신다. 하나님은 그에게 "광야에서 내 길을 예비하라"라고 선포하셨다. 하나님이 기름 부으심을 선포하시는 사람이 쓰임을 받는다.

반대로 어떤 사람을 폐하기로 선포하시는 때가 있다. 다니엘서에 나오는 바벨론 왕국의 마지막 왕 벨사살이 잔치를 베풀 때 벽에 나타난 손가락이 쓴 글씨를 기억하는가? 그것은 하나님이 오만하고 악한 벨사살 왕의 때가 다 되었으니 심판하시겠다는 예언이었다. 그날 밤으로 벨사살은 죽임당하고 바벨론 왕국이 망한다. 아무리 나는 새도 떨어뜨리는 것 같은 권력자라도 하나님의 저울에 달아보아 아닌 것 같으면 즉시로 끌어 내리신다.

그러므로 사람들의 소리에 좌지우지되지 말라. 심리학자들에 의하면 우리의 자기 평가 기준은 대부분 우리 인생에서 우리가 중요하다고 생각하는 사람들의 의견에 달렸다고 본다. 아이였을 때는 부모나 학교 선생님, 친구, 어른이 되고 나면 직장 상사나 아내 등이다. 그러나 사람들은 항상 우리를 실망시킬 수 있다. 우리를 격려하고 세워줘야 할 사람들이 오히려 우리를 모욕하고, 기를 꺾어버릴 수 있다. 그러므로 우리는 다른 사람들의 의견을 존중하되, 그들이 우리를 모욕할 때 그것을 넘겨 버리고 마음에 담지 않는 초연함이 필요하다.

거친 비판을 받을 때 "나는 그 사람 때문에 너무 화가 난다. 너무 속이 상해"라고 반응하기 쉽다. 그건 그 사람이 우리의 영혼을 좌지우지할 수 있는 힘을 그에게 주는 것이다. 우리의 감정을 말 한 마디로 좌지우지할 수 있다면, 그것이 바로 그 사람이 원하는 것이다. 그러나 몸에 묻은 먼지를 털어버리듯이 그 말들을 털어버리고 거기에 반응하지 않는다면, 거기에 흔들리지 않고 우리의 갈 길을 간다면, 진정한 승자는 우리가 될 것이다. 시편 기자는 자신을 둘러싸고 비판하고 공격하는 수많은 사람들로부터 하나님께서 승리를 주실 것을 선포한다(시 118:6-13 참조).

우리에게는 세상의 소리, 인간의 소리, 어둠의 소리들을 씻어내는 영적 디톡스가 필요하다. 예수님의 보혈 능력에 의지하여, 과거에 상처를 주었던 모든 독하고 악하고 거짓된 말들이 사라지게 해달라고 기도하라. 그리고 예수님의 이름으로 사라졌음을 선포하라.

우리는 다른 그 누구보다 하나님 아버지께서 우리를 어떻게 생각하시는지, 하나님 아버지의 의견에 따라 우리의 가치를 판단해야 한다. 하나님 아버지는 우리를 보배롭고 존귀하다고 하신다. 하나님의 신묘막측한 작품, 그분이 손으로 빚으신 걸작품이라고 하신다.

축복의 선포가 미래를 바꾼다

우리는 기도 응답을 바란다. 하지만 우리 자신이 누군가에게 하나님의 기도 응답이 되어줄 수 있음은 알지 못한다. 우리는 축복을 바란다. 그러나 우리 자신이 누군가에게 하나님의 축복의 통로가 되어줄 수 있음은 알지 못한다. 우리가 기꺼이 다른 이들을 위한 통로가 될 때, 그 과정에서 우리 자신도 하나님의 축복을 받아 누리게 된다.

특히, 다른 사람들에게 축복과 격려의 말을 해주는 것이 중요하다. 사회 모든 분야에서 성공한 사람들의 이야기를 들어보면 자신들의 인생 여정에서 누군가 그들을 믿어주고 격려해주었다는 말들을 꼭 한다. 그들이 어렸을 때, 혹은 실패했거나 좌절했을 때, 아무도 그들을 믿어주지 않았을 때, 그들을 믿어주고 격려해준 누군가의 그 한 마디가 그들을 살린 것이다.

발명왕 토마스 에디슨이 헨리 포드에게 그런 존재였다. 처음 자동차를 만들려고 동분서주하는 헨리 포드를 다른 사람들은 다 비웃고 무시했다. 그러나 에디슨은 포드를 만나서 그 아이디어를 듣고는 감탄하면서 책상을 주먹으로 쳤다.

"바로 그거야. 자기 발전소를 달고 다니는 마차라, 아주 멋진걸. 자동차라고. 아주 뛰어난 아이디어요."

발명왕 에디슨의 이 한 마디는 용기를 잃고 있던 헨리 포드의 가슴에 새로운 힘을 불어 넣었다.

니무나 많은 사람들이 그런 축복의 말, 격려의 말을 한 번도 못 듣고 산다. 전부 "넌 안 돼. 할 수 없어. 중과부적이야. 네 성적으론 꿈도 꾸지 마. 네 스펙으론 안 돼. 넌 흙수저야. 송충이는 솔잎을 먹고 살아야

해"라는 말들만 듣고 좌절하고 무너지는 사람들이 얼마나 많은가. 그러나 수많은 사람들이 칭찬과 격려의 말 한 마디만 들어도 다시 살아날 수 있다.

주위의 있는 사람들에게서부터 시작하라. 배우자나 자녀들에게 불평하고 야단만 치지 말고 축복의 언어로 선포하라. 회사 동료, 이웃, 교우들에게는 또 어떤가? 그 사람을 위해 어떻게 축복을 말을 전할지 생각하며 기도하면, 하나님께서 맞는 말을 입술에 올려주실 것이다. 하나님의 기적은 어쩌면 우리의 입술에서부터 시작될지도 모른다.

권위 있는 존재의 선포는 한 사람의 인생을 송두리째 바꿀 수 있다. 오래전 미국의 한 초등학교에 나면서부터 한쪽 입술이 비뚤어진 여자아이가 있었다. 아이가 웃을 때마다 비뚤어진 입술로 인해 같은 반 아이들이 마구 놀려대곤 했다. 비뚤어진 입술 때문에 놀림의 대상이 된 아이는 늘 외톨이였다.

그런데 어느 날, 아이의 인생을 바꾸는 사건이 일어났다. 학교에서 아이들 대상으로 청각 능력 측정 테스트를 했다. 한 아이씩 선생님한테 가서 한쪽 귀를 대면, 선생님이 들릴 듯 말 듯 조그만 소리로 뭔가 말했다. 그러면 그 아이는 반 전체 아이들이 들을 수 있도록 큰 소리로 선생님이 들려준 얘기를 반복해야 했다.

한 명씩 선생님 앞에 나가서 속삭이는 소리를 듣고 그것을 큰 목소리로 전했는데, 선생님이 속삭인 이야기는 아주 평범한 것들로 "하늘이 푸르다. 밖에 차가 있다. 오늘은 화요일이다"와 같은 것들이었다. 그런데 입술이 비뚤어진 아이 차례가 되었을 때, 선생님은 그 아이 귀에 대고 속삭였다.

"네가 내 딸이었으면 좋겠어."

아이는 순간 자기 귀를 의심하며, 선생님을 쳐다보았다. 선생님은 빙긋이 웃으며 들은 대로 전하라고 했다. 아이는 떨리는 음성으로 모두가 듣도록 크게 말했다.

"네가 내 딸이었으면 좋겠어."

아이들은 모두 충격을 받았다.

그때부터 아이에게는 전에 없던 새로운 자신감이 생겼다. 그리고 다른 친구들도 아이를 대하는 태도가 달라졌다. 모두가 아이의 친구가 되고 싶어 했다. 아이와 같이 밥을 먹으려 했고, 다투어 자기 집으로 아이를 초대해서 함께 놀려고 했다. 선생님의 입술을 통해 선포된 축복의 말이 하나님의 은혜를 아이의 인생에 흘러 넣어준 것이다. 권위자의 선포는 힘이 있다.

최고의 권위자이신 하나님께서는 우리에게 "네가 내 눈에 보배롭고 존귀하며"라고 선포해주신다(사 43:4). 또한 "오직 성령이 너희에게 임하시면 너희가 권능을 받고 예루살렘과 온 유대와 사마리아와 땅 끝까지 이르러 내 증인이 되리라"라고 말씀하신다(행 1:8). 그리고 "그들 중에서 한 사람도 너를 당할 자 없으리라"라고 하신다(수 10:8). 우리는 성경을 읽을 때 하나님이 우리에게 선포해주시는 그 말씀들에 "아멘!"으로 반응해야 한다.

만일 우리에게 조금이라도 권위가 주어져 있다면, 그 권위 아래 있는 사람들에게 하나님의 축복을 선포해주어야 한다. 부모는 자녀들에게, 목사는 성도들에게, 소그룹 리더는 구성원들에게 축복을 선포하라. 선생님은 학생들에게 하나님의 축복을 선포하라. 사장님, 팀장님은 직원들에게 하나님의 축복을 선포하라.

마지막으로, 우리가 속한 교회가 승리하고 축복받기를 선포하라. 교회의 구성원인 우리 모두가 예수님의 이름으로 교회의 미래를 축복해야 한다. 어떤 시련과 어려움이 와도 하나님께서 승리를 주실 것을 선포하자.

부흥과 은혜와 능력과 기쁨과 평안이 교회 안에 가득할 것을 선포하자. 하나님이 우리를 위해 최고의 약속의 땅을 이미 예비해주셨음을 믿고 선포하자. 우리의 아이들과 대학 청년들이 불같이 부흥할 것을 선포하자. 침체된 한국 교회에 새 소망을 불어넣고, 이 나라 이 민족에게 거룩한 감동을 주는 교회가 될 것을 선포하자. 하나님의 사람들의 담대한 선포는 기적을 일으키는 하나님의 느낌표이다!

십자가에 숨겨진 하나님의 경영

,
?
!

집에서 올림픽 경기를 TV로 시청하면서 문득 이런 생각이 들었습니다.

'정말 짧은 시간 동안에 TV가 눈부시게 발전했구나.'

제가 어릴 때는 라디오와 흑백 TV의 시대였습니다. 라디오로 소리만 듣다가 TV로 영상을 볼 수 있다는 것이 감격스럽던 시절이었지요. 동네에 TV 있는 집이 많지 않아서 프로레슬링 경기나 동양 챔피언 권투 경기라도 있는 날이면 다들 TV 있는 집으로 몰려가 함께 보던 때였습니다.

미국 사람들은 휠체어에 앉아 생활해야 했던 프랭클린 루즈벨트 대통령이 4선 대통령이 될 수 있었던 것은 그때가 라디오 시대였기에 가능했다고 말합니다. 이에 반해 60년대에는 리차드 닉슨이 경쟁자였던 존 F. 케네디의 훤칠한 외모 때문에 TV 토론 때 여성 유권자들의 표를 뺏겼다고들 했습니다. 그만큼 보이는 이미지가 중요한 시대가 된 것입니다.

우리나라에서는 80년대 초반부터 본격적으로 컬러 TV의 시대가 열렸습니다. 흑백에서 컬러로 TV에 색을 입히니까 완전히 다른 세상이 열렸습니다. 컬러 TV를 한번 보기 시작하니까 눈을 '버려서' 이전 흑백 TV로 돌아갈 수가 없게 되었습니다. 컬러 영상으로 인해 이전에는 몰랐던 드라마 소품이나 패션, 배우들 화장의 허술함이나 촌스러움이 금방 드러났습니다. 그래서 모든 소품이나 의상, 화장 기법이 한 단계 업그레이드되기도 했습니다.

그러다가 디지털 혁명과 함께 UHD까지 화질을 구현하는 시대가 열렸습니다. 이전과는 비교할 수 없는 디지털 기술 덕분에 고화질 화면으로 보게 되자 배우들의 주름, 피부에 있는 점 하나까지 선명하게 보이게 되었습니다. 그래서 배우들에게 비상이 걸렸습니다. 부지런히 운동해서 몸을 만들고, 각종 스킨케어 서비스를 받으며 피부 관리를 하지 않으면 안 되게 되었습니다. 촬영 기법도 다양해져서 이제는 드론으로 공중 촬영도 하고, 물속에서도 고화질 수중 카메라로 다양한 각도에서 잡아 주고, 달리는 차의 액션신도 전후좌우 스틸 모션까지 기가 막히게 찍어서 보여주니, 실제 현장에 있는 것보다 더 생생한 느낌을 받습니다. 잘 보인다는 것은 그만큼 무서운 것입니다.

영적 세계에 눈을 뜨다

그런데 가만 보면 우리의 영적인 시각도 라디오에서 흑백 TV로, 그 다음엔 컬러 TV, HD 고화질 TV로 점프하는 때가 있는 것 같습니다. 우리는 구원받기 전까지 완전한 영적 어둠 속에 있었습니다. 죄가 죄인 줄도 몰랐고, 은혜가 은혜인 줄도 몰랐습니다. 그러다가 예수님의 피로 거듭난 뒤에는 영적인 세계에 눈을 뜨게 되었습니다.

영적으로 성장하면서 이전에는 희미하게 보이던 성령의 세계, 하나님의 놀라운 섭리의 세계, 기도의 세계가 더 밝고 환하게 열리는 것을 체험하게 됩니다. 엘리사의 종의 눈에서 육체의 비늘이 떨어지고 영의 눈이 열리자 전에는 보이지 않았던 하늘의 천군천사들이 자신들을 지키고 있는 것을 보았던 것처럼 말입니다. 엘리사는 그것을 보고 있었기 때문에 같은 상황 속에서도 담대하고 평안할 수 있었습니다.

영안이 밝은 사람은 폭풍 한가운데서도 잔잔한 호수 같은 평정심을 유지합니다. 말씀과 기도로 사는 사람은 성령으로 충만해 영의 눈이 맑고 밝습니다. 영적인 세계에서도 영안이 깨끗하면 HD 고화질 TV로 보는 것처럼 영적인 분별력을 갖게 됩니다. 그러면 삶을 대하는 자세가 완전히 달라집니다. 바울은 이렇게 영안이 열리면 영적으로 성숙해진다고 했습니다.

> 내가 어렸을 때에는 말하는 것이 어린아이와 같고 깨닫는 것이 어린아이와 같고 생
> 각하는 것이 어린아이와 같다가 장성한 사람이 되어서는 어린아이의 일을 버렸노라
> 우리가 지금은 거울로 보는 것같이 희미하나 그때에는 얼굴과 얼굴을 대하여 볼 것
> 이요 지금은 내가 부분적으로 아나 그때에는 주께서 나를 아신 것같이 내가 온전히
> 알리라 고전 13:11,12

물론 바울이 말하는 '그때'는 우리가 천국에 갔을 때지만, 이 땅에서
더 뜨겁고 깊게 성령을 체험하면서 영적으로 한 단계 업그레이드되는 때
를 말하기도 합니다.

항상 말씀을 묵상하고 뜨겁게 기도하면서 오랜 시간 주님과 동행하
게 되면 영적으로 새로운 차원으로 올라가게 됩니다. 점점 육체의 비늘
이 눈에서 떨어져나가는 것을 느끼면서 마음이 바뀝니다. 두려움과 불
안감과 분노와 짜증이 많았는데, 기도의 열기 속에서 점점 그것들이 떨
어져나가고 하늘의 평안과 은혜가 우리 안에 차오르는 것을 느낍니다.

HD TV를 보다가 다시 이전의 아날로그 TV나 흑백 TV로 돌아가지

못하는 이유는 이미 좋은 TV를 봐서 눈을 '버렸기' 때문입니다. 마찬가지로, 영적으로도 최고의 은혜를 체험하고 나면 다시 이전의 무기력한 신앙생활로 되돌아갈 수 없습니다. 우리는 이제 더 큰 은혜를 사모해야 할 것이며, 더 불 같은 거룩의 체험을 갈망해야 할 것입니다.

십자가에 숨겨진 하나님의 경영

이 책에서 저는 감히 '하나님의 경영'이라는 주제를 다루었습니다. 아직도 하나님의 경영은 제게 늘 미처 가보지 못한 신비한 바다와 같습니다. 그러나 영의 눈이 조금씩 뜨여져가면서 깨닫는 것은 하나님의 경영을 이해하는 핵심에는 십자가가 있다는 사실입니다. 이 책에서 저는 '하나님의 가감승제'와 '하나님의 문장부호'라는 두 가지 큰 틀로 하나님의 경영을 설명해보고자 했습니다. 그런데 가만 생각해보면 십자가 복음에 모든 열쇠가 숨어 있습니다.

십자가는 하나님의 덧셈입니다. 하나님은 우리에게 자신의 베스트인 독생자 예수 그리스도의 생명을 더해주셨습니다. 그것이 십자가입니다.

십자가는 하나님의 뺄셈입니다. 하나님은 십자가에서 우리의 주홍같이 붉은 죄를 완전히 빼버리시고, 눈과 같이 희게 해주셨습니다. 십자가를 통과하면 우리의 시퍼런 옛 사람의 독기가 빠지고, 우리의 우상들이 제거됩니다.

십자가는 하나님의 곱셈입니다. 땅에 떨어져 썩음으로써 수많은 열매를 맺게 하는 한 알의 밀알처럼, 십자가는 예수님의 생명이라는 씨앗을 통해 시작되는 놀라운 영적 추수입니다. 십자가를 통해 끝없는 하늘의 은혜가 흘러나오고, 그 은혜는 계속해서 옆의 사람에게 전해집니다. 곧 30배, 60배, 100배의 열매가 맺혀 예루살렘과 유대와 사마리아와 땅 끝까지 이르러 세계복음화로 가는 엄청난 영적 재생산의 시작, 그것이 바로 십자가였습니다.

십자가는 하나님의 나눗셈입니다. 하나님께서는 십자가를 통해 하나님의 사랑을 한없이 나눠주십니다. 십자가의 은혜를 체험한 사람은 그 은혜를 혼자만 가지고 있지 않고 나누고 또 나눕니다. 그 나눗셈을 통해 엄청난 영적 곱셈이 이루어집니다. 은혜를 나누는 사람은 자신이 그 과정에서 더 큰 은혜를 누리게 됩니다.

십자가는 하나님의 쉼표입니다. 이제 우리에게는 절망의 마침표를 찍으려는 죽음의 권세를 이기고 부활로 가는 위대한 쉼표가 찍혔습니다. 십자가 은혜를 체험한 사람은 어떤 절망적 상황에서도 마침표가 아닌 믿음의 쉼표를 찍고 돌파합니다.

십자가는 하나님의 마침표입니다. 죄와 상처로 얼룩진 우리의 과거를 깨끗이 끝내고 용서와 비전의 새로운 미래로 갈 수 있게 해주는 곳이 바로 십자가입니다. 십자가를 통과한 사람은 자신이 그리스도 안에서 새로운 피조물이 되었음을 자각하고, "이전 것은 지나갔으니 보라 새 것이 되었도다"(고후 5:17)라고 선포할 수 있습니다.

십자가는 하나님의 물음표입니다. "내가 너를 얼마나 사랑하는지 너는 아느냐?"라고 우리에게 다정하게 확인시켜주시는 아버지 하나님의 물음표입니다. 우리는 거기에 "고마워요, 감사해요"라고 답하면 되는 것입니다.

십자가는 하나님의 느낌표입니다. 십자가에서 구원받은 우리는 요한계시록에 나오는 흰옷을 입은 수많은 하나님의 백성입니다. "만 입이 내게 있으면 그 입 다 가지고" 우리를 구원하신 주님의 십자가 은혜를 평생 선포하고 찬양하며 살아갑니다.

십자가를 통과한 자만이 알 수 있다

19세기 말, 영국이 낳은 세계적인 설교자인 찰스 스펄전은 당시 "영국의 모든 길은 어떻게든 런던으로 통한다"라는 말을 예로 들면서 "성경의 모든 말씀은 어떻게든 예수 그리스도에게로 통하며, 특히 예수 그리스도의 십자가 복음으로 통한다"라고 했습니다. 그야말로 영적 정곡을 찌른 말이 아닐 수 없습니다.

그러므로 우리는 성경을 읽을 때 십자가의 관점으로 읽어야 합니다. 십자가를 묵상하고, 십자가의 주님과 동행하며 세상을 바라보고 인생을 바라봐야 합니다. 십자가를 통해서만 우리는 하나님의 경영의 신비한 결을 가늠할 수 있습니다. 우리가 이해할 수 없는 고난과 문제와 아픔도 십자가를 통해 이해할 수 있습니다.

저는 하나님의 경영을 다룬 이 책의 결론을 예수님의 십자가로 하고 싶습니다. 세상이 아무리 변했다 해도 우리는 갈보리 십자가를 붙들어야 합니다. 그 십자가의 예수 그리스도를 사랑해야 합니다. 모든 기적과 은혜와 치유와 지혜와 축복이 다 십자가로부터 흘러나옵니다.

목사님들은 항상 십자가를 설교해주시고, 성도들은 항상 십자가를 사랑해주십시오. 십자가는 우리의 머리가 아닌 가슴으로 하나님의 경영을 이해하게 해주는 영적 신비입니다.

하나님의 경영

초판 1쇄 발행	2019년 5월 30일
초판 6쇄 발행	2023년 2월 13일

지은이	한홍
펴낸이	여진구
책임편집	이영주
편집	박소영 최현수 안수경 김도연 김아진 정아혜
책임디자인	노지현	마영애 조은혜 이하은
기획·홍보	진효지
마케팅	김상순 강성민
제작	조영석

마케팅지원	최영배 정나영
경영지원	김혜경 김경희 이지수

303비전성경암송학교 박정숙
이슬비전도학교 / 303비전성경암송학교 / 303비전꿈나무장학회

펴낸곳	규장

주소 06770 서울시 서초구 매헌로 16길 20(양재2동) 규장선교센터
전화 02)578-0003   팩스 02)578-7332
이메일 kyujang0691@gmail.com   홈페이지 www.kyujang.com
페이스북 facebook.com/kyujangbook   인스타그램 instagram.com/kyujang_com
카카오스토리 story.kakao.com/kyujangbook
등록일 1978.8.14. 제1-22

책값 뒤표지에 있습니다.
ISBN 978-89-6097-586-6 03230

규 | 장 | 수 | 칙

1. 기도로 기획하고 기도로 제작한다.
2. 오직 그리스도의 성품을 사모하는 독자가 원하고 필요로 하는 책만을 출판한다.
3. 한 활자 한 문장에 온 정성을 쏟는다.
4. 성실과 정확을 생명으로 삼고 일한다.
5. 긍정적이며 적극적인 신앙과 신행일치에의 안내자의 사명을 다한다.
6. 충고와 조언을 항상 감사로 경청한다.
7. 지상목표는 문서선교에 있다.

하나님을 사랑하는 자 곧 그의 뜻대로 부르심을 입은 자들에게는 모든 것이 合力하여 善을 이루느니라(롬 8:28)

Member of the
Evangelical Christian
Publishers Association

규장은 문서를 통해 복음진파와 신앙교육에 주력하는 국제적 출판시들의
협의체인 복음주의출판협회(E.C.P.A:Evangelical Christian Publishers
Association)의 출판정신에 동참하는 회원(Associate Member)입니다.